Spelend begeleiden van kinderen in het ziekenhuis

Werken in SPH

Redactie: Dineke Behrend
Maria van Deutekom
Britt Fontaine
Godelieve van Hees
Marja Magnée
Alfons Ravelli

Spelend begeleiden van kinderen in het ziekenhuis

Het werk van de pedagogisch medewerker

Auteur: Nellie van Wageningen

Bohn Stafleu Van Loghum
Houten, 2004

© 2004 Bohn Stafleu Van Loghum, Houten
Alle rechten voorbehouden. Niets uit deze uitgave mag worden verveelvoudigd, opgeslagen in een geautomatiseerd gegevensbestand, of openbaar gemaakt, in enige vorm of op enige wijze, hetzij elektronisch, mechanisch, door fotokopieën, opnamen, of enig andere manier, zonder voorafgaande schriftelijke toestemming van de uitgever.
Voor zover het maken van kopieën uit deze uitgave is toegestaan op grond van artikel 16b Auteurswet 1912 j° het Besluit van 20 juni 1974, Stb. 351, zoals gewijzigd bij Besluit van 23 augustus 1985, Stb. 471 en artikel 17 Auteurswet 1912, dient men de daarvoor wettelijk verschuldigde vergoedingen te voldoen aan de Stichting Reprorecht (Postbus 3060, 2130 KB Hoofddorp). Voor het overnemen van (een) gedeelte(n) uit deze uitgave in bloemlezingen, readers en andere compilatiewerken (artikel 16 Auteurswet 1912) dient men zich tot de uitgever te wenden.

ISBN 90 313 3217 8
NUR 740

Ontwerp omslag en binnenwerk: Studio Bassa, Culemborg

Bohn Stafleu Van Loghum
Het Spoor 2
Postbus 246
3990 GA Houten
www.bsl.nl

Distributeur in België:
Standaard Uitgeverij
Belgiëlei 147a
2018 Antwerpen
www.standaarduitgeverij.be

Inhoud

Inleiding		7
1	**Definitie en afbakening**	8
1.1	Het kind in het ziekenhuis	8
1.2	Soorten ziekenhuizen	8
1.2.1	Academische ziekenhuizen	9
1.2.2	Algemene ziekenhuizen	9
1.2.3	Specialistische ziekenhuizen	10
1.3	Redenen voor ziekenhuisopname	10
1.4	Duur van de ziekenhuisopname	11
1.5	Ziektebegrip en ziektebeleving	11
1.5.1	Ziektebegrip bij kinderen	12
1.5.2	Ziektebeleving van kinderen	14
1.5.3	Mogelijke reacties van kinderen op ziekenhuisopname	18
1.6	De rol van de ouders	22
2	**Achtergronden**	23
2.1	Geschiedenis van het zieke kind in Nederland	23
2.1.1	De ontdekking van het kind	23
2.1.2	Het kind in de gezondheidszorg	24
2.1.3	Het ontstaan van kinderziekenhuizen	24
2.2	Geschiedenis van het ontstaan van de functie van Pedagogisch Medewerkers Ziekenhuizen	25
2.2.1	Opleidingseisen en verdere professionalisering	26
2.3	Plaats in de organisatie van de pedagogisch medewerker	27
2.3.1	De pedagogisch medewerker in een algemeen of academisch ziekenhuis	28
3	**Methodisch werken**	30
3.1	Methodische uitgangspunten van de pedagogisch medewerker in het ziekenhuis	30
3.2	Methodisch handelen	32
3.2.1	Pedagogische begeleiding van patiënten	32
3.2.2	Samenwerken met ouders en directe sociale omgeving	35
3.2.3	Zorg voor het leefklimaat	36
3.2.4	Bevorderen van pedagogische kennisoverdracht aan derden	37
3.2.5	Voorwaardenscheppende activiteiten	37

3.2.6	Samenwerken met andere disciplines	37
3.3	Methodieken	38
3.3.1	De speelkamer: het werkterrein van de pedagogisch medewerker	38
3.3.2	Individuele spelcontacten	38
3.3.3	Het belang van spel voor zieke kinderen	39
3.3.4	Verschillende soorten spel	40
3.4	Voorbereiding van kinderen op ingrepen en operaties	42
3.4.1	Het belang van voorbereiden	43
3.4.2	Wat is voorbereiden?	43
3.4.3	Hoe bereid je voor?	44
3.4.4	Voorbereiding per leeftijdsfase	45
3.5	Coping	49
3.5.1	Ontspannings- en afleidingstechnieken	50
3.5.2	Oefening volgens de Jacobson-methode	52
3.6	Snoezelen en de snoezelkamer	54
3.7	Dagprogramma's	54
3.8	Overige methoden	56
3.8.1	Inbakeren van baby's	56
3.8.2	Babymassage	57
3.8.3	Video-hometraining	58
4	**Specifieke problemen**	**59**
4.1	Pasgeborenen	59
4.2	Chronisch zieke kinderen	61
4.2.1	Gevolgen van een chronische ziekte	62
4.2.2	Primaire gevolgen	62
4.2.3	Secundaire gevolgen	63
4.3	Gehandicapte kinderen	63
4.4	Allochtone kinderen	64
4.5	Asielzoekerskinderen	64
4.6	Kinderen die overlijden	65
5	**Overige voorzieningen**	**66**
5.1	Educatieve voorzieningen	66
5.2	Overige voorzieningen	67
5.2.1	Poppenspelers	67
5.2.2	CliniClowns	68
5.2.3	De Regenboogboom	68
5.2.4	Kindertelevisie en kinderradio	76
5.2.5	Kindertheater, kinderbibliotheek, bioscoop en internet	76

Literatuur 71

Websites 74

Handvest Kind en Ziekenhuis 76

Inleiding

Kinderen hebben recht op mogelijkheden om te spelen [...] en zich te vermaken al naar gelang hun leeftijd en lichamelijke conditie. Kinderen hebben recht op verblijf in een stimulerende veilige omgeving waar voldoende toezicht is en die berekend is op kinderen van alle leeftijdscategorieën.
- De pedagogisch medewerker richt zich op het kind als geheel, waarvan de ziekte een onderdeel is.
- Het systeem waarin het kind zich bevindt is een belangrijk aandachtsgebied voor de pedagogisch medewerker. De ondersteuning van ouders, naast de begeleiding van het kind, is hier onderdeel van *(Visie Pedagogische Zorg, Sophia Kinderziekenhuis, 2003)*.

Dit cahier gaat over kinderen in het ziekenhuis, zieke kinderen dus, en over de bijzondere situatie waarin zij en hun ouders zich bevinden. Ziekte kan instabiliteit veroorzaken in het systeem van het gezin en de opvoedingsrelatie die ouders met hun kinderen hebben. Ziekte kan onzekerheid teweegbrengen bij zowel kinderen als ouders. Er kan opvoedingsverlegenheid, opvoedingsspanning of opvoedingsonzekerheid ontstaan, zelfs zodanig dat er sprake kan zijn van een problematische opvoedingssituatie. In dit boekje zal worden ingegaan op de specifieke rol die de *pedagogisch medewerker ziekenhuizen* – want zo wordt deze functie genoemd – kan hebben in het ondersteunen van ouders en kinderen in het ziekteproces en het omgaan met de ziekenhuisopname. De pedagogisch medewerker begeleidt het kind en geeft pedagogische adviezen aan zowel de ouders als aan andere ziekenhuismedewerkers. Het ziekenhuis is een voornamelijk medische omgeving en de pedagogisch medewerker is een van de weinige medewerkers die specifiek is opgeleid op het gebied van pedagogische begeleiding van de opgenomen kinderen.

1 Definitie en afbakening

In dit eerste hoofdstuk wil ik ingaan op het kind in het ziekenhuis. Wat kunnen de redenen tot opname zijn? Wat voor soorten ziekenhuizen zijn er? Hoe beleven kinderen ziekte en opname? Wat is de rol van de ouders?

1.1 Het kind in het ziekenhuis

Het kind dat in het ziekenhuis wordt opgenomen, komt in een voor hem vreemde omgeving terecht. Kinderen kunnen onverwacht worden opgenomen, bijvoorbeeld na een verkeersongeluk, of met een acuut optredende ziekte. Ook zijn er kinderen met een chronische ziekte, die vaak of regelmatig in het ziekenhuis moeten worden opgenomen. Hoe een kind met een ziekenhuisopname omgaat hangt af van vele factoren: de leeftijd en het ontwikkelingsniveau van het kind, zijn sociale situatie, draagkracht en draaglast van het gezin, enzovoort. Het ene kind zal wel voorbereid zijn op de ziekenhuisopname, het andere niet.
Het verpleegkundig en verzorgend personeel dient goed geschoold te zijn om met deze kinderen en hun verschillende achtergronden om te gaan. Binnen de Nederlandse ziekenhuizen hebben zich talloze ontwikkelingen voltrokken om de zorg rond het zieke kind te optimaliseren. Daaruit voortvloeiend zijn allerlei specifieke beroepen ontstaan die zich op deelaspecten binnen de zorg voor het zieke kind richtten. De functie van de pedagogisch medewerker is er één van.
Binnen dit cahier zal daarom kort worden ingegaan op de ontstaansgeschiedenis van de kindergeneeskunde en de ontwikkeling van kinderziekenhuizen. Daarna wil ik ingaan op de rol die de pedagogisch medewerker kan hebben in het begeleiden van het kind in het ziekenhuis.

1.2 Soorten ziekenhuizen

Een ziekenhuis is een geneeskundig centrum. Het bestaat uit een concentratie van voorzieningen ten behoeve van onderzoek, behandeling en verpleging, van deskundig personeel en deskundige medische staven. Het is

tevens een plaats waar zowel aanstaande artsen als verpleegkundigen worden opgeleid. Het heeft als hoofdfuncties: diagnose, therapie, verpleging en isolering (Boot & Knapen, 1993).
Er zijn drie soorten ziekenhuizen:
- academische ziekenhuizen
- algemene ziekenhuizen
- specialistische ziekenhuizen.

1.2.1 Academische ziekenhuizen

In Nederland zijn acht academische ziekenhuizen. In elk van de acht Nederlandse academische ziekenhuizen worden studenten in de geneeskunde opgeleid tot arts of medisch specialist. Het is dus een plaats waar niet alleen onderzocht, behandeld, verzorgd en verpleegd wordt, maar ook waar kennis en vaardigheden op het gebied van geneeskunde aan elkaar overgedragen worden. Alle voorkomende specialistische functies zijn daarom in een academisch ziekenhuis te vinden.
Elk academisch ziekenhuis is verbonden aan een universiteit met een medische faculteit. Een academisch ziekenhuis biedt studenten de mogelijkheid een geneeskundige opleiding te krijgen. Omgekeerd zijn deze opleidingen van groot belang voor de kwaliteit van de zorg in Nederland. Door de onderzoeken die er plaatsvinden worden belangrijke medische ontdekkingen gedaan.
Aan de meeste academische ziekenhuizen is ook een opleidingsinstituut verbonden voor (vervolg)opleidingen van verpleegkundig en paramedisch personeel. Verder spelen deze ziekenhuizen een belangrijke rol bij de na- en bijscholing van artsen en andere werkenden in de gezondheidszorg (GOBnet, 2003).

1.2.2 Algemene ziekenhuizen

Volgens het Centraal Bureau voor de Statistiek zijn er 96 algemene ziekenhuizen. In grootte variëren deze ziekenhuizen van 150 bedden (patiëntplaatsen) tot 1000 bedden. In een algemeen ziekenhuis worden patiënten met diverse gezondheidsproblemen opgenomen. Bij de zorg aan deze patiënten hoort het stellen van een diagnose met de daarbij horende onderzoeken en behandeling, begeleiding, verzorging en verpleging.
De zorg in een algemeen ziekenhuis vindt plaats binnen verschillende afdelingen en specialismen, variërend van chirurgische verpleegafdeling tot kinderafdeling, van polikliniek tot operatiekamer en van laboratorium tot intensive care. Hoe groter het ziekenhuis, hoe meer specialismen er aanwezig zijn.

1.2.3 Specialistische ziekenhuizen

Naast de genoemde algemene ziekenhuizen zijn er nog 27 zogenaamde categorale of specialistische ziekenhuizen, waaronder revalidatiecentra en *long stay* en *short stay* ziekenhuizen gerekend worden.
Specialistische ziekenhuizen richten zich op specifieke patiëntengroepen. Zo'n patiëntencategorie kan gevormd worden door een leeftijdsgroep, door een bepaalde aandoening of ziekte of door een bepaalde zorgbehoefte. Zo zijn er onder andere de volgende soorten specialistische ziekenhuizen (in vaktermen 'categorale ziekenhuizen' genoemd):
- kinderziekenhuizen
- oogziekenhuizen
- revalidatiecentra
- kankercentra
- psychiatrische ziekenhuizen.

Kinderziekenhuizen zijn meestal verbonden aan de academische ziekenhuizen. Vaak zijn ze een zelfstandig functionerend onderdeel van het grote academisch medisch centrum. Het beddenaantal in de kinderziekenhuizen varieert van ongeveer 100 tot 250.

1.3 Redenen voor ziekenhuisopname

Er kunnen diverse redenen zijn om in het ziekenhuis te worden opgenomen. Die redenen kunnen variëren van een veel te vroeg geboren baby tot een puber met een chronische ziekte; van een kind dat betrokken is bij een verkeersongeluk tot een kind dat thuis mishandeld is; van een kind dat een operatie moet ondergaan tot een kind met een psychiatrisch ziektebeeld; er kan sprake zijn van een combinatie van somatische en psychische ziekte; of er is sprake van een kind dat al een ontwikkelingsachterstand heeft en nu voor een operatie moet worden opgenomen.
Er worden kinderen met diverse ziektebeelden opgenomen. Soms voor een dagopname, voor een kleine chirurgische ingreep, of wekelijks een dag voor een behandeling met antibiotica dat per infuus moet worden toegediend. Andere kinderen moeten meerdere malen terugkomen voor plastische chirurgie, en weer andere zijn langdurig opgenomen omdat ze beademd moeten worden op de intensive care van de kinderafdeling. Sommige kinderen hebben een motorische of geestelijke beperking. Voor deze kinderen kan een ziekenhuisopname nog eens extra belastend zijn.
Personeel dat werkzaam is op een kinderafdeling of in een kinderziekenhuis zal moeten kunnen omgaan met deze diversiteit aan ziektebeelden, en zal hierin dus ook deskundig geschoold moeten zijn.

1.4 Duur van de ziekenhuisopname

De duur van de ziekenhuisopname hangt uiteraard af van een groot aantal factoren. Kinderen kunnen eenmalig worden opgenomen, bijvoorbeeld voor een operatie, maar sommige kinderen zullen vele operaties moeten ondergaan. Andere kinderen moeten regelmatig terugkomen, omdat ze een chronische ziekte hebben, waarvoor ze met medicatie in het ziekenhuis behandeld moeten worden. Dit geldt bijvoorbeeld voor kinderen met cystic fibrosis, maar ook voor nierpatiënten en voor kinderen met kanker. Over het geheel genomen streeft men er binnen de ziekenhuizen naar om opnames zo kort mogelijk te houden. Een ziekenhuisopname kan variëren van een aantal uren – bijvoorbeeld op een afdeling voor dagbehandeling – tot, in zeldzame gevallen, jaren. Gemiddeld genomen ligt de duur van de opnames tussen een week en enkele weken. Uiteindelijk kan er onderscheid gemaakt worden tussen acute, geplande en langdurige en herhaalde opnames:

- Een *acute opname* is meestal het gevolg van een plotseling optredende ernstige ziekte of een ongeval. Het kind en de betrokkenen zijn erg geschrokken. Het kind is niet voorbereid op de opname. Het dagelijkse leefpatroon van het kind en zijn gezin wordt plotseling verstoord.
- Een *geplande opname* vindt meestal plaats bij onderzoek, een kleine operatie of een korte behandeling. Het kind en de ouders kunnen hierop vaak wél voorbereid worden. Soms is er de mogelijkheid om voor de opname al kennis te maken op de kinderafdeling.
- Bij *langdurige en herhaalde opnamen* gaat het meestal om ernstig zieke kinderen of kinderen met een chronische aandoening. De gang van zaken bij een ziekenhuisopname is na verloop van tijd bekend bij kind en ouders (Slot, 2000).

1.5 Ziektebegrip en ziektebeleving

Om een kind dat in het ziekenhuis wordt opgenomen goed te kunnen begeleiden is kennis nodig over het ziektebegrip en de ziektebeleving bij kinderen. Bij jonge kinderen is het ziektebegrip nog nauwelijks aanwezig, maar naarmate het kind ouder wordt groeit dit begrip. Uiteindelijk zal er een ziektebegrip zijn zoals volwassenen dat kennen. Er is onderscheid te maken tussen het ziektebegrip en de ziektebeleving, maar er is ook sprake van samenhang tussen deze twee begrippen. Ziektebegrip is het kunnen *begrijpen* wat ziekte inhoudt. Ziektebeleving is hoe de ziekte wordt ervaren. Meer begrip van de ziekte kan leiden tot het anders ervaren ervan.

1.5.1 Ziektebegrip bij kinderen

De ontwikkeling van het ziektebegrip hangt nauw samen met de (cognitieve) ontwikkeling en leeftijd van het kind. Volgens een onderzoek van H.M. Koopman (1993) neemt met de biologische rijping ook het inzicht in en de kennis van een ziekte toe. Het denken van kinderen over ziekte en het ontstaan van die ziekte verschilt met die van de denkwijze van volwassenen. Waar het volwassen denken bestaat uit objectiviteit, abstractie, niet-persoonsgebondenheid en algemene toepasbaarheid, is de kinderlijke denkwijze egocentrisch en sterk verbonden aan waarnemen en handelen. Vanuit de eigen (beperkte) mogelijkheden en ervaringen ontwikkelt het kind een eigen realiteit. Het leert pas naarmate het ouder wordt de informatie over de ziekte in die realiteit te integreren.

Heel jonge kinderen hebben eigenlijk nog geen idee wat ziekte is. Ze ervaren alleen dat ze zich niet lekker voelen, maar hoe dat komt vragen ze zich niet af. Er is sprake van *onbegrip*.

Kinderen tussen de 2 en 7 jaar kunnen denken dat ze door een gebeurtenis van buitenaf ziek zijn geworden. Het denken van het kind richt zich dan op één enkel aspect.

Op de vraag hoe je verkouden wordt geeft een kind in deze levensfase het volgende antwoord: 'Als je het raam open laat staan, dan wordt het dekbed heel erg koud, en daar kun je dan ziek van worden'. Dit wordt *distantie* (afstand) genoemd. Ook kan het zijn dat het kind in deze levensfase juist in termen van *nabijheid* spreekt. Het ziek worden vindt volgens het kind plaats via besmetting. Het antwoord op dezelfde vraag zou dan kunnen luiden: 'Iemand anders is verkouden en je komt er steeds dichterbij en op een andere dag is hij weer beter en dan ben jij verkouden.'

Voor een kind tussen de 7 en 11 jaar is het nog steeds moeilijk om onderscheid te maken tussen lichaam en geest. Beide kunnen voor hen een rol spelen in het veroorzaken van ziekte. Zo kunnen zowel slecht gedrag als contact met vuil en ziektekiemen in de ogen van het kind de oorzaak van zijn ziekte zijn. Deze fase wordt die van de *aanraking* genoemd. De lichaamsfuncties worden bij de verklaringen over ziekte betrokken, in het bijzonder de van buitenaf waarneembare werking. Op de vraag hoe je verkouden wordt, wordt nu gezegd: 'Als je heel hard niest dan komen er druppeltjes op je gezicht en daar zitten dan bacteriën in en die maken je ziek.'

In de volgende fase, de *internalisatiefase,* wordt voor het eerst de mogelijke oorzaak van een aandoening (op globale wijze) binnen het lichaam gezocht. Als bron van ziekte wordt een van buitenaf afkomstige bevuiler (roken, bacteriën) of een ongezonde lichamelijke conditie waargenomen. Medicijnen zijn een middel tot genezing. In deze fase ontdekt het kind voor het eerst de eigen rol bij de genezing van de ziekte. In deze fase kunnen kinderen ook vergelijkingen maken met bijvoorbeeld het hart als pomp of de maag als verzamelplaats voor voedsel. Bij de vraag hoe je verkouden wordt, komt nu het volgende antwoord: 'Als je hoest, gaan die bacteriën door de lucht en iemand anders ademt ze dan in en dan komt het geloof ik in je bloed. Dan word je ook verkouden.'

Vanaf 12 jaar komen kinderen achtereenvolgens in de fase van het *lichaamsproces* en de fase van *geest en lichaam*. Bij de fase van het lichaamsproces kan het kind een ziektegebeurtenis beschrijven en verklaren in termen van organen en functies van organen binnen het lichaam. Er kan een relatie gelegd worden tussen omgeving en lichaam en er kunnen verbindingen gelegd worden met de oorzaken van de ziekte. Het eigen handelen kan een bijdrage leveren aan het uiteindelijke resultaat. Bij de vraag hoe je verkouden wordt, wordt nu als volgt geantwoord: 'Nou dan komen de bacteriën in je bloed en dan gaan je witte bloedlichaampjes daar tegen vechten om ze dood te maken en als ze dan verliezen dan word je ziek.'

In de fase van geest en lichaam is het kind in staat de rol van de geest te betrekken bij verklaringen over ontstaan van ziekte. Het bewustzijn over het feit dat gedachten en gevoelens van een persoon lichaamsfuncties kunnen beïnvloeden en veranderen groeit. Nu wordt het antwoord op de vraag hoe je verkouden wordt als volgt geformuleerd: 'Dat kan op verschillende manieren gebeuren. Soms is een verkoudheid niet zo erg. Het ligt eraan hoe je je voelt.' (Koopman, 1993).

Naarmate kinderen ouder worden begrijpen ze dus meer van de werking van het lichaam en zijn ze in staat om in abstracte begrippen te denken. Het lichaamsbeeld dat jonge kinderen hebben is weinig compleet. Tekeningen van kinderen laten het lichaam vaak zien als een grote zak waar eten en medicijnen naar binnen gaan. Van organen hebben kinderen onder de 12 jaar maar zelden een voorstelling. Ze hebben er ouders en artsen wel over horen praten en zullen hun napraten en zeggen dat bijvoorbeeld hun darmen of longen ziek zijn. Bij kinderen is er sprake van een vaste volgorde in het verkrijgen van kennis over het inwendige van het lichaam. Eerst komt de kennis over het hart, daarna over de hersenen en de maag en weer later over de longen. De kennis over andere organen als lever, pancreas, nieren of blaas blijft, net als bij volwassenen, relatief gering.

Om kinderen goed te behandelen en te begeleiden is kennis van de ontwikkeling van het denken van kinderen dus van groot belang. Voorlichting over de ziekte dient dan ook in elke ontwikkelingsfase opnieuw gegeven te worden. Het is van belang om deze informatie af te stemmen op het denkstadium van het kind met betrekking tot het onderwerp van de ziekte. Navragen bij kinderen en het checken of de informatie is overgekomen is eveneens van belang. Bij kinderen in de basisschoolleeftijd en in de puberteit kan het goed zijn om dingen in spelvorm uit te leggen. Party & Co, Triviant of ganzenbord zijn goed om te vormen tot een vraag-en-antwoordspel, waarmee je kunt nagaan hoe het met het ziektebegrip van de kinderen en jongeren zit.

1.5.2 Ziektebeleving van kinderen

Kinderen van 0 tot 2 jaar
Baby's en zeer jonge kinderen begrijpen nog niets van ziekte en de gevolgen daarvan. Er kan het kind nog nauwelijks iets verteld of uitgelegd worden. En bovendien kunnen zien of aanraken, de belangrijkste zintuigen in deze leeftijdsfase, ook niet als middel gebruikt worden om iets uit te leggen: ziekte is niet iets dat je kunt aanraken. Pijn door ziekte of door ingrepen, prikken en operaties zullen ze vooral als iets naars ervaren. Troost van de kant van een ouder verzacht deze nare gevoelens, maar neemt ze niet weg (Strubbe, 1989). Functies als eten, slapen en bewegen kunnen geremd worden of verstoord raken wanneer de baby zich niet prettig voelt.

Een baby die wordt opgenomen in het ziekenhuis verliest alles wat vertrouwd is: er zijn meerdere verzorgers (vanaf acht à negen maanden maakt een baby een duidelijk onderscheid tussen bekende en vreemde mensen), handelingen kunnen niet altijd aangepast worden aan het slaap-waakritme, het onderscheid tussen dag en nacht valt grotendeels weg en de omgevingsgeluiden zijn onbekend. De wereld wordt voor de baby onvoorspelbaar en bedreigend (Slot, 2000).

Ouders moeten gestimuleerd worden hun ouderrol zo veel mogelijk te blijven vervullen om te voorkomen dat het gevoel van basisveiligheid en de hechting ernstig verstoord worden. Natuurlijk is het wel zo dat baby's zich aan meerdere mensen kunnen hechten, en dit pleit er dan ook voor dat er naast de ouders zo veel mogelijk vaste verzorgers ingezet worden. Het is belangrijk dat aan ouders het belang van *rooming-in* duidelijk gemaakt wordt; dit is de mogelijkheid voor ouders om bij hun kind in het ziekenhuis te kunnen overnachten en het zelf zo veel mogelijk te verzorgen. Dit is vooral bij baby's en peuters erg belangrijk. Ouders hierop wijzen is een duidelijke taak voor zowel de pedagogisch medewerkers als de verpleegkundigen.

Wanneer een kind eenmaal één jaar is, begint het de dingen om zich heen te controleren en zich af te vragen hoe iets zal voelen. Het is begrijpelijk dat het bang is voor lichamelijke onderzoeken en behandelingen. Het huilt of gaat er bijvoorbeeld vandoor zodra het doorheeft dat er geprikt gaat worden. Op die manier heeft het de zaak in handen (Naafs-Wilstra, 1999). Het is belangrijk dat het kind getroost wordt na een vervelende handeling. Dit zal vooral door de ouders worden gedaan, maar ook de pedagogisch medewerker kan hier een helpende hand bieden. In sommige ziekenhuizen gaan de pedagogisch medewerkers mee met de zogenaamde prikrondes van de laboranten om daarna de kinderen te troosten.

Kinderen van 2 tot 7 jaar
Kinderen vanaf twee jaar zijn al beter in staat te begrijpen wat ziek zijn betekent. Zij bekijken de wereld om hen heen vanuit hun eigen standpunt en kunnen alleen nog verbanden leggen tussen twee dingen. Dat betekent dat zij hun ziekte (het ene ding) in verband brengen met één speciale

gebeurtenis (het andere ding). Beter worden gaat voor hen óf vanzelf, óf door zich aan de regels te houden (zie 1.5.1).

Bij peuters en kleuters heeft een lichamelijke ziekte vooral invloed op het welzijn en het gedrag (Naafs-Wilstra, 1999). Dat uit zich bijvoorbeeld in niet meer spelen, niet meer lachen en hangerig zijn. De herinnering aan en de angst voor pijn zijn op deze leeftijd al aanwezig. Angst voor beschadiging van het eigen lichaam is nu heel hevig. De angst van deze kinderen is vooral gericht op het uiterlijk. Ze zullen zich drukker maken om een klein wondje of (het verwijderen van) een pleister, dan om de dieper liggende oorzaken of vooruitzichten. Angst en pijn beïnvloeden elkaar sterk. Het zien van bloed roept angst op en de pijn die ze daarmee in verband brengen wordt daardoor erger ervaren.

Ziekte en opname kunnen in deze fase het ontwikkelen van zelfstandigheid remmen, vooral als het kind lange tijd in zijn mogelijkheden wordt beperkt. Ziekte en opname in deze leeftijdsfase kunnen verstorend werken op de verwerving van autonomie. Dit kan leiden tot opstandigheid en verzet, of tot regressie. Ook leggen sommige kinderen zich neer bij de situatie door kinderachtiger te doen dan normaal. Juist deze leeftijdscategorie vertoont een sterke neiging de schuld van ziek zijn bij zichzelf te zoeken. Zij hebben behoefte aan een duidelijke uitleg en een goede voorbereiding op de onderzoeken en behandelingen (Naafs-Wilstra, 1999; Slot, 2000).

Kinderen van 7 tot 12 jaar
Bij kinderen tussen de 7 en 12 jaar heeft ziekte veel minder invloed op lichamelijke functies als eten, slapen en bewegen dan bij jongere kinderen. Ziekte en de beleving ervan krijgen een meer specifieke betekenis. Naast de invloed van het geweten op de ziektebeleving speelt ook de invloed van lichamelijke ingrepen een rol. De normaal voorkomende angsten rond het lichaam kunnen sterker worden dan anders. De kinderen worden bang voor de dokter en zijn daardoor vaak moeilijk lichamelijk te onderzoeken. Sommige kinderen lukt het de angst af te weren. Een typische afweer tegen 'lichamelijke' angst is agressie of het doen van wilde spelletjes (Strubbe, 1989).

Ouders blijven een belangrijke rol vervullen in de opvang van hun kinderen. Belangrijk is dat zij hun kind bijstaan bij het ondergaan van onderzoeken en ingrepen. Scheidingsangst speelt in deze levensfase nog wel een rol, maar veel minder sterk dan bij eerdere fases. Vriendjes en vriendinnetjes gaan een grotere rol spelen. Ook school is belangrijk voor het kind; het doen van schoolwerk tijdens de opname kan het kind helpen om niet achter te raken en hem niet het gevoel te geven er niet meer bij te horen (Slot, 2000).

Jongeren vanaf 12 jaar
Ziekte en pijn worden in toenemende mate ervaren zoals volwassenen dit ervaren. Als voorbereiding op de ziekenhuisopname is uitleg vaak voldoende. Pubers willen graag goed op de hoogte zijn van wat er gaat gebeu-

Tabel 1 Leeftijdsafhankelijke aspecten van chronische ziekte (Baldew, 1993).

Leeftijd	Pychosociale aspecten	Ziektebegrip	Reacties op ziekenhuis	Begrip over de dood	Helpen en zorgen
Zuigeling (0-1 jaar)	Hechting en nabijheid ouders gewenst	Diffuus ongenoegen en pijn	Verlangt naar ouders, ouders zijn belangrijk bij uitleg en troost	Emotionele scheidingsangst	Eénduidige informatie door vaste persoon
Peuter en Kleuter (1 tot 6 jaar)	Behoefte aan controle over ingrepen en scheiding	Ziekte is straf voor stout zijn. Magisch denken; ouders kunnen alles, ook beter maken	Aanwezigheid van ouders blijft belangrijk. Opname wordt gezien als straf, evenals prikken en ingrepen	Dood als straf voor stout zijn; is tijdelijk, doden blijven leven; verwarring met slapen	Expressie van gevoelens via spel
Schoolleeftijd	Gebruikt kennis en begrip om oorzaak en behandeling van de ziekte te bevatten	Nog steeds zelfverwijt, kan lang duren voordat dit geuit wordt; kan biologische processen begrijpen	Voelt zich falen. Zorgen over verlies van controle over het lichaam en bemeestering van de omgeving. Opstandig. Kennis van ziekte effectief om angst te beheersen	Begint de onontkoombaarheid van de dood te begrijpen; definitief, realiteit, universeel en niet te vermijden	Uitleg, informatie en tekeningen. Behoefte aan waarheid en steun

Adolescentie	Handelt meer als individu, leunt minder op ouders. Heeft moeite zich te houden aan leefregels en medicatie. Verdere versterking van preoccupatie met lichaamsveranderingen en seksualiteit; is zich ervan bewust 'anders' te zijn. Voelt zich minder waard, toekomst moeilijk voor te stellen	Richt zich op afzonderlijke symptomen, in plaats van het totale beeld. Kan informatie goed aan. Ontkenning of overcompensatie	Bedreiging van de onafhankelijkheid; conflicten over regelmaat en orde; scheiding van thuis en vrienden belemmeren de ontwikkeling	Erkent de kwetsbaarheid van de mens; ziet dit als filosofisch probleem; of als provocatie door ontkenning en riskant gedrag	Belang van volledige informatie over ziekte, behandeling en prognose; ontkenning belangrijk voor verwerking; nadruk op zelfzorg en controle
Volwassenheid	Accepteert verantwoordelijkheid voor eigen gezondheid, weet geen schuld te hebben aan zijn ziekte. Arbeidsongeschiktheid dreigt zekerheden van het bestaan te ondermijnen. Voelt zich op den duur niet begrepen. Kan niet meer volwaardig meedoen. Spanningen in huwelijk en gezin, sociale contacten nemen af	Kan rationeel ziekte begrijpen. De vraag waarom het lot juist hem treft is niet te beantwoorden. Behoefte aan steun (sociale netwerken)	Verlies van autonomie, conformeren aan andere regels en regelmaat. Soms opstandigheid en regressie. Druk maken om kleinigheden	Concept afhankelijk van religie; in elk geval irreversibel en niet begerenswaardig, als het kan zonder pijn en lijden	Realistische feitelijke informatie over ziekte, prognose en behandeling. Nadruk op 'restcapaciteit', zonodig tweede beroepskeuze

ren. Eigen betrokkenheid bij beslissingen over onderzoek en behandeling worden steeds belangrijker. Gesprekken met diverse medewerkers om tot een zelfstandig oordeel te komen zijn zeer belangrijk voor de puber en adolescent.

Pubers en adolescenten zijn met hun ouders in een proces van losmaking verwikkeld, maar hebben hun ouders zeker tijdens een ziekenhuisopname nog hard nodig.

Ook leeftijdsgenoten zijn in deze levensfase van groot belang. Het is belangrijk dat contacten met leeftijdsgenoten in stand gehouden worden.

Baldew heeft bovengenoemde aspecten weergegeven in tabel 1 op pagina 16, 17.
Deze wijkt overigens iets af van de eerder gehanteerde indeling.
Per leeftijdsgroep wordt weergegeven welke factoren een rol spelen bij ziektebeleving en reacties op het ziekenhuis.

1.5.3 Mogelijke reacties van kinderen op ziekenhuisopname

Kinderen kunnen op verschillende manieren reageren op hun ziekenhuisopname, maar altijd is een opname een ingrijpende gebeurtenis. Het brengt het kind immers in een situatie die totaal anders is dan de thuissituatie.

Gevoelens die bij een kind kunnen spelen tijdens de opname:
- Verlating. Het kind is los van zijn vertrouwde omgeving die normaliter veiligheid biedt en daarmee los van familie en andere beschermende en vertrouwde volwassenen. Ook is het in het ziekenhuis los van vriendjes en vriendinnetjes en van het vertrouwde dagelijkse ritme.
- Verlies. Het kind verliest zijn zelfstandigheid en kan niet meer voor zichzelf zorgen. De meest vanzelfsprekende dagelijkse dingen als zelf eten, zich wassen en zich aankleden kunnen kinderen soms niet meer zelf. Het zijn anderen die bepalen hoe de dagelijkse dingen gaan.
- Angst. Verlies of verandering van bewustzijn door narcose of medicijnen kan angst oproepen. De ingrepen die op het lichaam plaatsvinden kunnen ervaren worden als aantasting van het lichaam. Niet alleen personen, maar ook het lijf heeft het kind in de steek gelaten. Door de pijn en het ziek voelen kan het kind gaan denken dat zijn lichaam niet deugt, of zelfs het gevoel hebben dat het niet meer zijn lichaam is. Het kind kan het idee hebben dat zijn lichaam hem in de steek laat.
- Machteloosheid. Een opname overkomt het kind. Het is daardoor totaal overgeleverd aan het ziekenhuis en verliest de controle over zijn leven. Dit controleverlies kan gevoelens van angst en machteloosheid oproepen.
- Verraad. De gevoelens van verlating kunnen leiden tot een gevoel van verraad: ouders (en andere volwassenen) worden niet meer als betrouwbaar ervaren. Dit gevoel kan vervolgens weer leiden tot gevoelens van *eenzaamheid*.

- Schuldgevoel. Vaak denken jonge kinderen dat ze naar het ziekenhuis moeten, omdat ze stout zijn geweest (PMZ, 1999).

In tabel 2 wordt weergegeven hoe verschillend de thuissituatie is van die in het ziekenhuis.

Tabel 2 Verschil tussen situatie thuis en in het ziekenhuis (Rigaux, 1985).

Situatie thuis	Situatie in het ziekenhuis
Het kind wordt door een vast persoon (de moeder en/of de vader) verzorgd	Dankzij *rooming-in* kan het kind door de ouders verzorgd worden. Er is echter een heel team van verpleegkundigen, artsen en anderen, die ieder een bepaald aspect van zorg bieden
Het kind is in een vertrouwde omgeving, binnen het gezinsverband	Het kind bevindt zich in een vreemde, onbekende omgeving, het gezinsleven is veranderd. Het kind ziet zijn broertjes, zusjes en andere familieleden slechts in beperkte mate
Dagelijkse routine van activiteiten	Onbekende en beangstigende ziekenhuisprocedures en soms pijnlijke onderzoeken en ingrepen
Het kind speelt op een natuurlijke manier met goed vertrouwde vriendjes uit de buurt	Het spel is beperkt tot de speelkamer, of binnen een individueel spelcontact in de box. Het kind moet met andere – onbekende – kinderen spelen
Het kind gaat gewoon naar school	Geen of beperkt onderwijs
Het niveau van onafhankelijkheid van het kind is overeenkomstig zijn ontwikkelingsniveau	(Gedeeltelijk) verlies van onafhankelijkheid doordat het kind verzorgd en verpleegd wordt

Hoewel vaak wordt gedacht dat een ziekenhuisopname negatieve effecten op een kind heeft, zijn er ook zeker positieve reacties op ziekenhuisopnames waar te nemen. Het ziekenhuis is ook de plek die geneest en helpt. Kinderen kunnen ervaren dat er mensen zijn die hen helpen de angsten te overwinnen, en ze kunnen er leren om te gaan met moeilijkheden. Hoe kinderen omgaan met hun ziekte en opname hangt sterk af van de persoonlijkheid van het kind, het ontwikkelingsniveau waarop het zich bevindt, zijn gezinssituatie, de aard en de ernst van de ziekte, en de duur van de opname.

Negatieve effecten:
- Huilen, schreeuwen of jammeren. Huilen is vaak een direct gevolg en een uitdrukking van angst en onzekerheid. Het kind geeft aan dat het troost nodig heeft.
- Regressief gedrag. Dit betekent een achteruitgang in de psychische en lichamelijke functies. Het kind gaat beneden zijn ontwikkelingsniveau functioneren. Door zich aan te passen aan een lager niveau wordt de angst ook minder. Het functioneren op een lager niveau kan veiligheid geven, en het heeft op die manier een beschermende functie. Concrete uitingen zijn:
    - terugvallen in onzindelijkheid, hoewel het kind al zindelijk is;
    - van praten terugvallen in brabbelen of spreken in een eigen taaltje;
    - zich niet meer zelf willen aankleden en geholpen willen worden met eten;
    - veel op schoot willen zitten, opgetild willen worden;
    - duimzuigen;
    - terugvallen op een lager spelniveau.
- Verhoging van het algemene angstniveau door ziekte, pijn of negatieve ervaringen. Een kind dat in het ziekenhuis is opgenomen kan bang zijn voor het onbekende, maar ook voor pijn. Bij sommige kinderen kan angst uitgroeien tot paniek.
- Specifieke angsten (prikken, witte jassen, bloed, of slecht verwerkte medische ingrepen). Dergelijke angsten kunnen gedurende de opname(s) als het ware opgebouwd worden. Het kind reageert steeds heftiger op het verschijnen van een 'witte jas' en wordt steeds banger bij het ondergaan van een ingreep. Hierbij is dus sprake van conditionering van gedrag.
- Angst om alleen te zijn en de ouders uit het oog te verliezen. Dankzij de ouderparticipatie en de mogelijkheden tot *rooming-in* kunnen ouders de hele dag bij hun kind verblijven. Toch kan er bij kinderen wel degelijk scheidingsangst optreden. Kinderen willen niet dat hun ouders de kamer afgaan, zelfs niet om even koffie te halen, en reageren boos wanneer ouders dat wel doen. Ze klampen zich vast aan hun ouders, en vertonen dit gedrag soms ook thuis, na ontslag uit het ziekenhuis.
- Slaapproblemen. Kinderen die bang zijn dat hun ouders weggaan op het moment dat ze gaan slapen, kunnen slaapproblemen ontwikkelen.
Ook kunnen kinderen angst voor het donker hebben of last van nachtmerries. Angst om te gaan slapen kan ook samenhangen met angst voor de narcose – het kind is bang weer geopereerd te worden.

- Eetproblemen. Sommige kinderen willen niet eten uit protest tegen de hele situatie. Het volgen van een dieet kan door kinderen opgevat worden als een straf. Kinderen die *cytostatica* (chemotherapie bij behandeling van kanker) krijgen toegediend ontwikkelen vaak een heel ander smaakpatroon. Dingen die ze eerst heel lekker vonden, lusten ze opeens niet meer, en soms ontstaat er een heel specifieke voorkeur voor bepaald voedsel. In al deze situaties is het belangrijk hier op een goede manier mee om te gaan, zodat er zich geen blijvende eetstoornis ontwikkelt.
- Nervositeit, prikkelbaarheid en druk gedrag (bijvoorbeeld door beperking van bewegingsvrijheid). In het ziekenhuis zijn niet altijd voldoende mogelijkheden om zich motorisch te uiten. Energie wordt dan als het ware opgepot. Dit gedrag kan zichtbaar zijn bij kinderen die langdurig bedrust hebben (bij ingewikkelde orthopedische ingrepen bijvoorbeeld). Het kan zich uiten in driftbuien, agressief gedrag tegenover ouders, broers en zussen en verplegend personeel.
- Passiviteit en apathie. Sommige kinderen reageren passief en apathisch op de ziekte en de opname. Dit is voornamelijk te zien bij kinderen die lichamelijk erg ziek zijn en kinderen die langdurig opgenomen moeten worden. Deze kinderen trekken zich terug, tonen geen interesse in hun omgeving en zijn niet communicatief. Het zou kunnen dat hierbij sprake is van een beschermingsmechanisme bij het kind. Het zou aan de andere kant ook kunnen betekenen dat het lichamelijk herstel zoveel energie vergt dat het kind geen 'ruimte' heeft om te communiceren (Slot, 2000; Rigaux, 1985).

Positieve effecten:
- Doorbreken van een patroon. De problemen die thuis zijn ontstaan kunnen nu doorbroken worden. Soms zijn problemen in de thuissituatie zulke strijdpunten, dat er een vicieuze cirkel is ontstaan. Een ziekenhuisopname kan dit soms doorbreken. Zo kunnen problemen rond het eten in het ziekenhuis soms opeens verdwijnen. De – emotionele – strijd met de ouders hoeft in het ziekenhuis immers niet te worden gevoerd.
- Contact met andere mensen, en daarbij favoriete mensen of een identificatiefiguur. Het contact met anderen verbreedt de kijk op volwassenen en vergroot de vaardigheden in het contact met hen. Ook identificatie met een speciale arts, verpleegkundige of pedagogisch medewerker kan het gevoel van zelfwaardering en eigenwaarde versterken.
- Scheppen van vertrouwen. De ervaring om geholpen te worden kan vertrouwen in de mensen om het kind heen vergroten. Het kind ervaart dat er mensen zijn die hem kunnen helpen op momenten dat hij bang is en pijn heeft. Hij is het 'waard' om geholpen te worden. Ouders kunnen ervaren hebben dat zij in staat zijn geweest hun kind bij te staan in deze moeilijke periode, en dat ze waardige ouders zijn. Dit samen kan de band tussen ouders en kind versterken.
- Wegnemen van angst. Irreële angsten kunnen worden weggenomen. Het kind kan zijn fantasie vergelijken met de werkelijkheid waardoor die een

stuk reëler ervaren wordt. Het kan het kind helpen om ook nieuwe situaties met meer vertrouwen tegemoet te zien.
- Kinderen die vanuit hun eigen omgeving weinig ontwikkelingsstimulans krijgen, kunnen in het ziekenhuis kennismaken met allerlei spel- en ontwikkelingsmateriaal. Dit stimuleert de ontwikkeling van het spel en de taal.
- Omgang met andere kinderen. Het omgaan met andere zieke kinderen kan een positieve werking hebben voor de ontwikkeling van sociale vaardigheden en een positieve ervaring voor sociaal geïsoleerde kinderen.
- Hulpaanbod voor gezinnen waar pathologische gezinsrelaties worden gesignaleerd tijdens de opname van het kind (Slot, 2000; Rigaux, 1985).

1.6 De rol van de ouders

Tussen ouders en kind bestaat een opvoedingsrelatie, met als centrale doelstelling het begeleiden van het kind naar zelfstandigheid. Wanneer een kind in het ziekenhuis opgenomen wordt kan er druk op de opvoedingsrelatie komen te staan. Een gezond kind heeft in zijn thuissituatie te maken met andere belangrijke volwassenen, bijvoorbeeld de buurvrouw, opa's en oma's, de leerkrachten van de school, enzovoort. In het ziekenhuis krijgt het kind ook met andere volwassenen te maken: de artsen, verpleegkundigen, pedagogisch medewerkers, enzovoort. Het kind komt voor medische zorg en ouders moeten een deel van de verantwoordelijkheid voor hun kind uit handen geven. De arts geeft aan welke medische behandeling gewenst is om hun kind te genezen, de verpleging neemt een deel van de verzorging van het kind over. De rol van de ouders wordt die van participerende ouder in het gehele proces. Tegenwoordig is het normaal dat ouders de hele dag bij hun kind kunnen verblijven en ook kunnen blijven slapen, het zogenaamde *rooming-in*. Ook hebben zij een aandeel – in overleg en samenwerking met de verpleging – in de gewone dagelijkse zorg van het kind, zoals wassen en aankleden en dergelijke.
De ouders kennen hun kind het beste en zijn dan ook de aangewezen figuren om hun kind te begeleiden bij medische onderzoeken en ingrepen. Ouders dienen dan wel zelf juist en goed geïnformeerd te zijn, zodat ze weten wat ze kunnen doen om hun kind bij te staan, en dat ze over de nodige vaardigheden beschikken. Verpleegkundigen en pedagogisch medewerkers hebben de verantwoordelijkheid om ouders goed te informeren en te ondersteunen in dit proces.
Ouders kunnen onzeker worden in hun houding naar hun kind; er is sprake van pedagogische onzekerheid. Hoeveel aandacht moeten ze een kind geven, verwennen ze het niet te veel, hoe moeten ze reageren als het kind dwars en driftig reageert? Ook hierin kunnen pedagogisch medewerkers een adviserende en ondersteunende rol hebben.

2 Achtergronden

In dit hoofdstuk wil ik ingaan op de geschiedenis en het ontstaan van kinderziekenhuizen in Nederland. Vanuit deze geschiedenis is ook het ontstaan van de functie pedagogisch medewerker te begrijpen.

2.1 Geschiedenis van het zieke kind in Nederland

De ontwikkeling van de kindergeneeskunde en de aandacht voor het zieke kind hangt nauw samen met de 'ontdekking' van het kind. Pas toen er aandacht kwam voor het specifieke en eigene van het kind en het kind niet meer werd beschouwd als een volwassene in zakformaat kon er ook aandacht komen voor de specifieke behoeften van een ziek kind.

2.1.1 De ontdekking van het kind

Tot ongeveer 1750 werden kinderen gezien als kleine volwassenen. Alleen in de eerste levensperiode waarin het afhankelijk was van de verzorging van volwassenen, kreeg het kindgerichte aandacht. Kinderen werden al op jonge leeftijd geacht weerbaar te zijn, en deel te nemen aan volwassen activiteiten. Vanaf ongeveer hun zesde levensjaar deden kinderen volop mee in het arbeidsproces. De eisen die aan kinderen werden gesteld, werden gemeten aan die van de volwassene. Doordat het kind vroeg werd opgenomen in de wereld van volwassenen, kon het niet verre gehouden worden van schokkende gebeurtenissen. Men had vaak ook niet het besef dat bepaalde zaken schokkend zouden zijn voor het kind. Ziekte en dood waren vlakbij.
Vanaf ongeveer 1750, met de opkomst van de industrie, de bevolkingsgroei en de verstedelijking, kwam er ruimte voor andere ideeën. De geestelijkheid en de adel moesten noodgedwongen een deel van hun macht inleveren en de burgerij kreeg meer invloed. Met name de Verlichting bracht een andere kijk op het menszijn. Mede onder invloed van Jean Jacques Rousseau (pedagoog) ging men anders tegen de kindertijd aankijken. Er ontstonden twee concepties van de mens, een van het kind en een van de volwassene. Het volwassen en het kinderlijke leefpatroon werden twee naast

elkaar te onderscheiden leefpatronen. Het volwassen leefpatroon was er een van arbeid, onderhoudszorgen en verantwoordelijkheid. Het kinderlijke leefpatroon werd er een van spel, verzorgd worden en onmondigheid. Het kind werd bevrijd van de vele fysieke en mentale lasten van het volwassen leven. Ook het begrip opvoeden deed zijn intrede. Opvoeden in de zin van bewustmaken van de mens. Het kind diende nog opgevoed te worden, de volwassene diende het te zijn (Dasberg, 1986).

2.1.2 Het kind in de gezondheidszorg

Omdat het kind lange tijd, tot in de achttiende eeuw, als een kleine volwassen werd gezien, had het ook geen eigen plek in de gezondheidszorg. Pas na de ontdekking van het kind, kreeg men meer aandacht voor het zieke kind. In de middeleeuwen was het gasthuis niet alleen een plaats waar zieken verpleegd werden, het was ook een opvang voor zwervers en geesteszieken. Door slechte hygiëne en epidemieën kreeg het gasthuis in de zeventiende eeuw een slechte naam. Wie het zich kon veroorloven werd thuis verpleegd, alleen de armen waren noodgedwongen aangewezen op deze vorm van zorg.
Aan zieke kinderen werd geen speciale aandacht besteed, ook zij werden thuis verpleegd, de burgerij beschouwde het als een schande de zorg voor hun kind aan anderen over te laten (Van Lieburg, z.j.). Het waren dan ook voornamelijk weeskinderen en kinderen uit de arme bevolkingsgroepen die in de ziekenhuizen belandden.
Het ontstaan van de kinderziekenhuizen hangt nauw samen met de ontwikkelingen in Europa op sociaal-economisch gebied. Het is de tijd van de industriële revolutie en verstedelijking. Dit proces bracht andere denkpatronen met zich mee. De mythische wereldbeschouwing maakte plaats voor een rationele. Onder invloed van de Verlichting kwam het individualisme op, en vanaf deze tijd zag men ook het kind als een individu met een eigen psyche. Het kind diende beschermd te worden tegen de harde volwassen wereld, en men raakte ervan overtuigd dat het niet goed was voor een kind om samen met volwassenen op één zaal verpleegd te worden.

2.1.3 Het ontstaan van kinderziekenhuizen

Op particulier initiatief werden in de tweede helft van de negentiende eeuw de eerste kinderziekenhuizen in Nederland opgericht. Deze kinderziekenhuizen waren in eerste instantie bedoeld voor kinderen uit de arme bevolkingsgroepen, die niet thuis verpleegd konden worden. Het kinderziekenhuis werd gezien als een filantropische instelling waar niet alleen aan lichamelijke genezing, maar ook aan opvoeding en onderwijs aandacht geschonken kon worden. Op deze manier hadden de ziekenhuizen ook een functie in de vorming van burgers om zodoende armoede en verpaupering te bestrijden. De in de negentiende eeuw opgerichte kinderziekenhuizen groeiden in de twintigste eeuw uit tot door de overheid gesubsidieerde instellingen, met veelal een academische status. Speciale eisen werden en worden gesteld aan de verzorgers en verplegers van de opgenomen kinderen. Zo is de verpleging van kinderen niet meer in handen van (vrijwillige) pleegzusters of verpleegsters, maar van professionele kinderverpleegkundigen. Binnen de kindergeneeskunde hebben zich tal van specialismen ontwikkeld, en daarnaast is er een grote groep van paramedici werkzaam in de gezondheidszorg voor kinderen. De pedagogisch medewerker is er één van.

2.2 Geschiedenis van het ontstaan van de functie van Pedagogisch Medewerkers Ziekenhuizen

Naar schatting zijn er ongeveer 300 pedagogisch medewerkers in de Nederlandse ziekenhuizen actief. Binnen residentiële inrichtingen zijn ook pedagogisch medewerkers actief, maar deze functie onderscheidt zich duidelijk van die van de pedagogisch medewerker in het ziekenhuis. De meeste pedagogisch medewerkers zijn vrouw, er zijn slechts enkele mannen werkzaam in deze functie (Van Wageningen, 2002).
In 1963 startte professor G.M.H. Veeneklaas als hoofd van de kinderkliniek van het Academisch Ziekenhuis te Leiden een éénjarige opleiding voor 'observatrices'. Deze was toegankelijk voor mensen met een HBO-opleiding. Wat de observatrices moesten doen, was vooral goed observeren. Als tweede kernactiviteit werd het voorbereiden en het begeleiden van kinderen tijdens onderzoek en behandeling genoemd. In die tijd werd de functie ook wel omschreven als 'spelobservatrice' of 'spelleidster'. Toen al was het zo dat het behandelplan kon worden aangepast als de observaties van deze 'nieuwe' medewerksters daar aanleiding toe gaven.
Vanaf de jaren zeventig krijgt de functie steeds meer een pedagogisch accent en verandert de naam in pedagogisch medewerker. De totale pedagogische begeleiding komt dan centraal te staan en er vindt een integratie plaats van de verschillende werkzaamheden zoals die tot dan toe zijn uitgevoerd. Tot de taken van de pedagogisch medewerker behoren dan de zorg voor het leefklimaat, spel en activiteiten als middel, het voorbereiden en begeleiden van kinderen en ouders bij onderzoek en behandeling, het observeren en rapporteren, het opstellen van pedagogische begeleidingsplannen en het samenwerken met ouders en alle andere betrokken disciplines (PMZ, 1999).
De pedagogisch medewerker heeft haar plaats in de gezondheidszorg inmiddels dus gevonden, al blijft het belangrijk zich goed te blijven profileren en zich te richten op de sterke en specifieke kanten van deze functie. Zo is er bijvoorbeeld het gebruiken van spel als middel: het verwerkende spel, het spel als afleiding (zie hoofdstuk 3); een tweede specifieke taak is het inzetten van ontspannings- en afleidingstechnieken en als laatste is er het voorbereiden van kinderen op ingrepen en operaties.

Helaas is het zo dat er nog steeds mensen zijn die vinden dat de pedagogisch medewerker 'alleen maar' gezellig een spelletje doet met de kinderen. Gelukkig zijn er ook velen die de functie op waarde weten te schatten. Veel van de activiteiten die de pedagogisch medewerker onderneemt, lijken voor de hand liggend en eenvoudig. Het gaat echter vrijwel altijd om welbewust handelen. Eén van de sterkste kanten van de functie is dat de pedagogisch medewerker direct 'op de vloer' werkt en een zeer intensief contact met patiënten en ouders heeft. Dat is tegelijk ook de zwakte van de functie: de pedagogisch medewerker kan als het ware 'onzichtbaar' lijken doordat veel van wat zij doet vanzelfsprekend is.

2.2.1 Opleidingseisen en verdere professionalisering

De opleiding tot spelobservatrice als opgezet door professor Veeneklaas, bestaat als zodanig niet meer, maar in de loop der jaren zijn er diverse beroepsopleidingen ontstaan die een basis legden voor de beroepsuitoefening van de pedagogisch medewerker, te weten:
- NNX (akte N twintig, waaraan naast kinderverzorging en opvoeding ook een lesbevoegdheid verbonden was)
- K&O (kinderverzorging en opvoeding)
- kleuterleidster
- Mikojel (Middeloo, Kopse Hof en Jelburg. Dit waren opleidingen vooral gericht op creactieve vaardigheden en therapie)
- Sociaal Cultureel Werk
- jeugdwelzijnswerk (HBO-opleiding)
- Sociaal Pedagogische Hulpverlening (SPH, sinds 1994 de meest geëigende opleiding voor de functie van pedagogisch medewerker).

Gezien de ontwikkelingen in de beroepsopleidingen – HBO-pedagogiek en Culturele Maatschappelijke Vorming – en de ideeën om tot een opleiding *Social Work* te komen, lijkt het waarschijnlijk dat van daaruit ook ontwikkelingen te verwachten zijn met betrekking tot de functie van pedagogisch medewerker.
Voor verdere bijscholing bestaan er diverse mogelijkheden. Zo is er de post-SPH opleiding bij de Fontys Hogeschool, specifiek voor pedagogisch medewerkers in ziekenhuizen. Ook bij de Hogeschool Utrecht en bij het Centrum voor Spelmethodiek bestaan diverse goede cursussen, specifiek over spel en spelbegeleiding, die een waardevolle aanvulling kunnen zijn voor de pedagogisch medewerker.
Naast de beroepsopleidingen en bijscholing bestaat de mogelijkheid tot het volgen van specifieke cursussen, zoals bijvoorbeeld ontspannings- en afleidingstechnieken, of de nog iets dieper gaande cursus hypnosetechnieken. Babymassage, het inbakeren van baby's en gebarentaal kunnen ook zeer nuttig zijn, afhankelijk van de doelgroep waarvoor de pedagogisch medewerker werkzaam is.

2.3 Plaats in de organisatie van de pedagogisch medewerker

Er zijn zowel onderzoeken gedaan naar de plaats en positie van de pedagogisch medewerker als naar de karakteristieken van de functie van de pedagogisch medewerker binnen de gezondheidszorg en binnen de sociaal-agogische beroepen.
Hutschemaekers (1998) heeft zich vooral gericht op de positie van de pedagogisch medewerker en volgens zijn bevindingen verhouden de verschillende beroepsgroepen in de gezondheidszorg zich tot elkaar als in onderstaand kwadrant. Ook Van Dongen-Melman geeft dit aan in haar onderzoek naar psychologische zorg in academische kinderziekenhuizen.

Tabel 3 De verhouding tussen de verschillende beroepsgroepen binnen de gezondheidszorg (Hutschemaekers, 1998; Van Dongen-Melman, 2001).

Dimensies	verpleegkundig-medisch	agogisch-psychologisch
Begeleiding	verpleegkundige	SPH'er (pedagogisch medewerker) maatschappelijk werker
Behandeling	algemeen arts psychiater	psycholoog/pedagoog psycholoog/psychoherapeut

Wanneer we naar de organisatiestructuur van de diverse organisaties – academische, algemene en specialistische ziekenhuizen – kijken, dan zien we dat pedagogisch medewerkers op verschillende manieren zijn ondergebracht in de organisatiestructuur. In sommige ziekenhuizen zijn de pedagogisch medewerkers ingedeeld bij de verpleegkundige dienst, in andere gevallen vormen ze met andere psychosociale disciplines een aparte dienst. Dit kan afhankelijk zijn van de grootte van het ziekenhuis; in de grote academische (kinder)ziekenhuizen zijn vaak tien tot twintig pedagogisch medewerkers werkzaam, in de kleinere perifere ziekenhuizen zijn dit er vaak maar één of twee.
Andere onderzoeken, zoals die verricht zijn door het NIZW (Radema & Van den Berg, 1997), hebben zich gericht op de karakteristieken van de functie van pedagogisch medewerker binnen de ziekenhuizen.
Deze karakteristieken stellen dat de pedagogisch medewerker:
- werkzaam is in een algemeen of academisch (kinder)ziekenhuis;
- hulp biedt aan baby's, kinderen en jongeren, en hun ouders, met somatische problemen, ontwikkelingsproblemen, sociaal-pedagogische problemen, psychosociale problemen of een lichamelijke of verstandelijke handicap;

- hulp biedt die voornamelijk een begeleidend karakter heeft, maar daarnaast aspecten in zich draagt van verzorgen en behandelen;
- zich specifiek richt op het voorkomen van problemen die kunnen voortkomen uit de ziekenhuisopname;
- beschikt over voorlichtingstechnieken en ontspannings- en speltechnieken als belangrijkste middel om te interveniëren;
- in beroepsmatig handelen de nadruk legt op taken met betrekking tot preventie en advies, het toerusten van de cliënt met competenties voor het functioneren als individu en het ondersteunen van het cliëntsysteem.

Volgens het al eerder genoemde *Functieprofiel pedagogisch medewerkers ziekenhuizen* (PMZ, 1999) is de functie van pedagogisch medewerker gericht op het voorkomen van problemen in de ontwikkeling en opvoeding als gevolg van ziekte, opname en behandeling in een ziekenhuis. De pedagogisch medewerker biedt kind en ouders ondersteuning bij het zelfstandig omgaan met problemen die samenhangen met de ziekte, het oplossen van die problemen, en met de opname en de behandeling in het ziekenhuis op zich. De functie richt zich op het op gang brengen en of doorzetten van de ontwikkeling van de opgenomen kinderen.

De pedagogisch medewerker is werkzaam binnen een medische setting. De algemene doelstellingen van de gezondheidszorg zijn het bevorderen en in stand houden van gezondheid, het voorkomen van ziekte en handicap, het bijdragen aan genezing en herstel van ziekte en het verlichten van lijden en ongemak. De pedagogisch medewerker is, volgens het functieprofiel, opgeleid en getraind in de pedagogische begeleiding. Zij levert een bijdrage aan de dagelijkse basiszorg voor het opgenomen kind en aan het bevorderen van een open communicatie tussen kind, ouders en ziekenhuismedewerkers. Door de specifieke kennis en vaardigheden van de pedagogisch medewerker levert zij een eigen bijdrage aan de gemeenschappelijke doelstelling van de gezondheidszorg.

2.3.1 De pedagogisch medewerker in een algemeen of academisch ziekenhuis

Door de bestaande verschillen in ziekenhuizen (zie hoofdstuk 1) heeft dit ook consequenties voor de SPH'er. Over het algemeen wordt er voor de functie van pedagogisch medewerker een HBO-opleiding (SPH) gevraagd. Er zijn echter ziekenhuizen waar een MBO-opleiding volstaat.

Wel is het zo dat een SPH'er die in een algemeen ziekenhuis werkt over het algemeen met minder ernstig zieke kinderen te maken heeft dan de SPH'er die in een academisch ziekenhuis werkzaam is. Het accent in een algemeen ziekenhuis ligt veelal op verzorgen en begeleiden, terwijl dit in een academisch ziekenhuis meer gericht is op begeleiden en behandelen. Kinderen die in een algemeen ziekenhuis worden opgenomen komen veelal voor kleine ingrepen en korte opnames. Wanneer er sprake is van een levensbedreigende aandoening worden ze vaak doorverwezen naar een academisch ziekenhuis.

In een academisch ziekenhuis liggen kinderen met ernstige trauma's, levensbedreigende ziektes en kinderen met ingewikkelde psychische problematiek. Vaak ook is er sprake van langdurige en/of herhaalde opnames, zoals bij kinderen met een chronische ziekte.

In een academisch of in een kinderziekenhuis zijn onderverdelingen in specialismen. Zo is er een afdeling kinderchirurgie, met weer onderverdelingen in algemene chirurgie, orthopedie, plastische chirurgie, enzovoort. Ook voor de afdeling kindergeneeskunde geldt een dergelijke verdeling in specialismen, zoals bijvoorbeeld oncologie (kanker), nefrologie (nierziekten), pulmonologie (longziekten), cardiologie (hartziekten), enzovoort. Voor pedagogisch medewerkers op deze afdelingen betekent dit een verdieping van kennis op een specifiek terrein. Zo zijn er pedagogisch medewerkers die alleen met zuigelingen werken of alleen met oncologiepatiënten, of met kinderen op een intensive care. Pedagogisch medewerkers dienen goed op de hoogte te zijn van de gevolgen van bepaalde ziektes om goede begeleiding aan de opgenomen patiënten te kunnen geven.

In de meeste algemene ziekenhuizen werken pedagogisch medewerkers veelal in een eenmanspositie, of hooguit met z'n tweeën of drieën. In de academische ziekenhuizen werkt meestal een groot team van pedagogisch medewerkers, variërend van tien tot achttien pedagogisch medewerkers.

3 Methodisch werken

Methodisch werken is het planmatig, doelgericht en systematisch te werk gaan. Een SPH'er, en dus ook de pedagogisch medewerker, onderzoekt de hulpvraag, ontwerpt een hulpverleningsplan op het gebied van verzorging, begeleiding of behandeling, formuleert het doel van het hulpverleningsplan en kiest de methode om dat doel te bereiken. Vervolgens wordt het plan uitgevoerd en geëvalueerd.

3.1 Methodische uitgangspunten van de pedagogisch medewerker in het ziekenhuis

Uitgangspunten van de pedagogische begeleiding zijn:

1 **Het kind en zijn mogelijkheden.** De pedagogisch medewerker kijkt naar wat het kind nog wél kan tijdens zijn ziekteproces. Ieder kind is uniek en moet op zijn eigen ontwikkelingsniveau benaderd worden. Daarbij wordt rekening gehouden met het karakter van het kind en de gevolgen van de ziekte.
2 **Het bewuste spel.** Spel is een belangrijke en natuurlijke uitingsvorm van een kind. Via individueel en groepsgericht spel zorgt de pedagogisch medewerker ervoor dat het kind optimaal gebruik kan maken van de functies van spel. Het uiten en verwerken van emoties, communiceren, oefenen van vaardigheden, ontwikkelen en afleiding via spel kunnen hierbij aan bod komen. Zieke kinderen hebben begeleiding bij spel nodig. Ze spelen langer als er iemand is die hun begeleidt en de functies van spel komen zo beter tot hun recht. De pedagogisch medewerker zet zichzelf in als middel. In het contact met het kind bouwt zij aan een vertrouwensrelatie van waaruit zij het spel kan sturen. Voor oudere kinderen is het gesprek een belangrijk middel bij de ondersteuning in hun verwerkingsproces.
3 **Respect en integriteit.** Een derde uitgangspunt van de pedagogisch medewerker is dat het kind met respect en integriteit wordt benaderd. Het kind heeft recht op informatie over zijn ziekte en behandeling. Dit betekent dat aan het kind op een voor hem begrijpelijke manier zo eerlijk mogelijk informatie gegeven wordt. De pedagogisch medewerker is deskundig in het vertalen van deze informatie en houdt daarbij rekening met de leeftijd en het

bevattingsvermogen van het kind. De wensen en keuze van het kind en zijn ouders worden hierbij in acht genomen.

4 **Ouders en de sociale omgeving.** Het kind is niet los te zien van zijn ouders en sociale omgeving. Ook in het ziekenhuis gaat de opvoeding voort. Doordat de situatie zo verandert, wordt de opvoeding specifieker.
De pedagogisch medewerker heeft daarin een adviserende en stimulerende rol. Zij kan hierin ook een voorbeeldfunctie hebben voor ouders en ziekenhuismedewerkers. De pedagogisch medewerker ondersteunt de ouders en adviseert hen waar nodig over pedagogische aandachtspunten en de ontwikkelingsmogelijkheden van hun kind. Ook de sociale omgeving wordt hierin betrokken.

5 **Het leefklimaat.** De leefomgeving van het kind moet veiligheid bieden om zich te kunnen herstellen en ontwikkelen. De pedagogisch medewerker heeft als uitgangspunt dat de ziekenhuisomgeving, het milieu waarin het kind zich tijdelijk bevindt, zo kindvriendelijk mogelijk moet zijn. Met dit leefklimaat worden zowel de aankleding van de afdeling en de verzorging van het spelmateriaal als een kindvriendelijke benadering van de patiënt bedoeld. Een kindvriendelijk leefklimaat heeft tevens een belangrijke preventieve werking bij het ontstaan van verwerkingsproblemen bij het kind (*Visie Pedagogische Zorg,* Sophia Kinderziekenhuis, 2003).

Volgens het functieprofiel van de pedagogisch medewerker (PMZ, 1999) liggen aan de beschrijving van het profiel van de pedagogische medewerker vooronderstellingen ten grondslag die nauw samenhangen met de methodiek van werken.

- Ouders zijn de belangrijkste opvoeders van het kind. Zij worden gerespecteerd en er wordt op basis van vertrouwen samengewerkt.
- Kinderen en ouders zijn en blijven betrokken bij de dagelijkse zorg en behandeling door hun informatie te geven en samen met hen te zoeken naar de manier waarop zij daarin hun eigen plaats kunnen behouden.
- De pedagogisch medewerker is zich bewust van het gegeven dat het kind tijdelijk is opgenomen voor medische en/of psychosociale behandeling.
- De rechten van het zieke kind zoals vastgelegd in het statuut van de Vereniging Kind en Ziekenhuis (zie Handvest Kind en Ziekenhuis) worden onderschreven en vormen een richtlijn voor het handelen.
- Spel en activiteiten worden als belangrijkste middel gebruikt voor het leggen en onderhouden van contact, het vergroten van de sociale weerbaarheid, de ontspanning, ontlading en regulering van emoties en het op gang brengen van de ontwikkeling of het in stand houden hiervan. Dit gebeurt voornamelijk ter voorbereiding (op een operatie of onderzoek), ter observatie en ter verwerking (van de ziekte en opname).
- Ziekte, opname en behandeling in een ziekenhuis kunnen ook een ontwikkelingsbevorderende ervaring zijn. Kinderen maken kennis met een voor hen nieuwe wereld en kunnen leren omgaan met verschillende nieuwe en of moeilijke situaties.

3.2 Methodisch handelen

Methodisch werken of methodisch handelen houdt in dat de pedagogisch medewerker onderzoekt wat de hulpvraag is van de patiënt. De SPH'er ontwerpt op grond daarvan een plan, formuleert daarin het doel van de hulpverlening en kiest de methoden om dat doel te bereiken. In elke situatie rond een kind zal zij zich moeten afvragen wat het kind van hem verlangt. Soms vraagt het kind: 'Help mij deze situatie te verduidelijken.' Het kind heeft dan uitleg over de ziekenhuisprocedures nodig, of over een onderzoek of ingreep. Een andere vraag van het kind kan zijn: 'Leer mij om te gaan met mijn angst voor prikken.' De pedagogisch medewerker kan het kind technieken en vaardigheden aanleren om hiermee om te gaan.

De pedagogisch medewerker dient dus uit haar observaties steeds de hulpvraag van het kind te destilleren en naar deze vraag te handelen. Goed kunnen observeren is dus van wezenlijk belang voor het werk van de pedagogisch medewerker.

Pedagogisch medewerkers hebben een zelfstandige en centrale functie in de pedagogische begeleiding van patiënten voor en tijdens de ziekenhuisopname. De taken die onder deze functie vallen bestaan onder meer uit:
- opstellen en uitvoeren van pedagogische begeleidingsplannen;
- voorbereiden op en begeleiden bij onderzoeken en narcose;
- observeren en signaleren;
- begeleiden van kinderen bij de consequenties van de ziekte en mogelijke verandering van het toekomstperspectief, alsmede het versterken van de vaardigheden om daar mee om te gaan;
- geven van pedagogische adviezen;
- rapportage.

Binnen de hieronder volgende taakgebieden geeft de pedagogisch medewerker het methodisch handelen vorm:
- pedagogische begeleiding van de patiënten;
- samenwerken met ouders en directe sociale omgeving;
- zorg voor het leefklimaat;
- bevorderen van pedagogische kennisoverdracht aan derden;
- voorwaardenscheppende activiteiten;
- samenwerken met andere disciplines.

3.2.1 Pedagogische begeleiding van patiënten

De handelingen van de pedagogisch medewerker hebben tot doel het kind en zijn ouders zo veel mogelijk zelfstandig te laten functioneren, problemen op te laten lossen of deze terug te brengen op een zodanig niveau dat het kind en zijn ouders deze zelf kunnen hanteren en een nieuw evenwicht vinden. De pedagogische zorg wordt dan een proces waarin methodisch han-

delen centraal staat, en waarin onderscheid gemaakt kan worden tussen verschillende fasen:
- vaststellen van de pedagogische behoeften;
- omschrijven en plannen van de pedagogische zorg;
- uitvoeren van de pedagogische zorg;
- evalueren en op grond daarvan bijstellen van de pedagogische zorg.

VOORBEELD Een meisje van acht jaar wordt opgenomen in het ziekenhuis. Het meisje is erg angstig, reageert heftig op alles wat er met haar gebeurt en dat uit zich in huilen en schreeuwen. De pedagogisch medewerker wordt ingeschakeld om het meisje te begeleiden in het omgaan met deze situatie. De pedagogische behoefte wordt vastgesteld – dit is het verduidelijken van de situatie en het verminderen van de angst. Het doel van de pedagogisch medewerker is om de angst voor het ziekenhuis en onderzoeken te verminderen. Zij maakt hiertoe contact met het kind en de ouders, legt uit wat haar functie is en doet een aantal voorstellen. Ten eerste uitleg geven met specifiek voorlichtingsmateriaal over het ziektebeeld. Als een kind begrijpt wat er gebeurt kan dit de angst verkleinen. De pedagogisch medewerker stelt ten tweede een beloningssysteem voor waardoor er tegenover een vervelende handeling een positieve beleving komt te staan; dit versterkt het gevoel van eigenwaarde van het kind. Ten derde maakt de pedagogisch medewerker eventueel een dagprogramma, maar in elk geval wordt er tijd vrijgemaakt voor individueel spelcontact en/of spelcontact in de speelkamer. Het kind krijgt hierdoor ook een aantal positieve ervaringen, kan 'gewoon' kind zijn en kan spelen en plezier hebben. Als een kind zich prettig voelt heeft dat een gunstige uitwerking op het genezingsproces. De pedagogisch medewerker heeft haar doel bereikt als het kind beter met de situatie om kan gaan en zich prettiger voelt. Mogelijk hoeft de begeleiding hierna niet meer zo intensief of moet deze juist even intensief blijven. Dan worden de doelen bijgesteld. Dat is een kwestie van goed observeren, en opnieuw vaststellen van pedagogische doelen.

Het volgende schema geeft weer hoe het methodisch handelen vorm kan krijgen:

Tabel 4 Hoe methodisch handelen vorm kan krijgen (Snel, 1993).

Probleem	Doel	Actie
Sanne is angstig tijdens het aanprikken van een infuus	Sanne met haar angst om laten gaan, zodat ze het aanprikken toelaat	Ontspanningsoefeningen doen en tijdens het aanprikken afleidingstechnieken gebruiken

Methodisch handelen in een ziekenhuis betekent dat wat er medisch moet gebeuren, ingepast moet worden in de totale begeleiding van het kind. Dat betekent dat men uitgaat van de gegeven situatie en wegen zoekt om de gewenste situatie te bereiken.

De pedagogisch medewerker kan situaties creëren die mogelijkheden bieden aan de kinderen met wie zij werkt. Een werkbare situatie kan ontstaan wanneer er positieve ervaringen geboden worden aan het kind. De kinderen kunnen in het contact met de pedagogisch medewerker ervaren dat er ook prettige situaties in het ziekenhuis zijn, dat de speelkamer en de spelsituaties veilige plekken zijn waar ze 'gewoon kind' kunnen zijn. Daarnaast kan de pedagogisch medewerker spelmateriaal aanbieden waarmee ziekenhuissituaties worden nagespeeld en waarmee een aanzet tot het verwerken van de ziekte en ziekenhuisopname kan worden gemaakt.

Het bieden van veiligheid en structuur, het inzichtelijk maken van de situatie om daarmee de voorspelbaarheid voor het kind te vergroten, zijn taken van de pedagogisch medewerker. Een dagprogramma kan een van de middelen zijn, maar ook het verduidelijken, het 'vertalen' van medisch handelen naar het kind toe. Op deze manier kan de pedagogisch medewerker als het ware de spreekbuis voor het kind worden in de communicatie met het medische (en verzorgend) personeel. De pedagogisch medewerker kan namens het kind om uitleg vragen, als het kind dit zelf niet durft te vragen. Binnen de relatie die de pedagogisch medewerker met het kind heeft gaat het om zaken als communicatie, het opbouwen van een vertrouwensrelatie, sociale betekenis, empathie en echtheid. Om het vertrouwen van de kinderen te winnen zet de pedagogisch medewerker zichzelf als middel in. Als het gedrag van haar onecht is, zullen de kinderen haar niet vertrouwen, en zullen zij zich niet naar haar uiten. Wanneer er een vertrouwensrelatie is opgebouwd, worden het geven van aandacht, het maken van een compliment, maar ook het corrigeren van gedrag, meer dan alleen maar woorden. De sociale component in deze relatie krijgt een nadrukkelijke betekenis. De pedagogisch medewerker kan gebruik maken van gedragsinterventies om het dagelijks gedrag van het kind te beïnvloeden om op deze manier het kind te helpen om beter met de situatie om te gaan (Van Bommel, 1997).

Voorbeelden van deze gedragsinterventies zijn:
- Verhelderen. Wanneer een kind in het ziekenhuis wordt opgenomen, is alles nieuw en beangstigend. De pedagogisch medewerker kan het kind helpen door dingen uit te leggen, en medische zaken te 'vertalen', te verhelderen. Hierdoor krijgt het kind meer grip op de situatie.
- Affectie tonen. De pedagogisch medewerker moet zo nu en dan laten merken dat het kind de moeite waard is, ook al vertoont het soms negatief gedrag.
- Dichtbij zijn. Door de aanwezigheid van de pedagogisch medewerker bij moeilijke momenten, kan het kind geholpen worden om de controle over zijn gedrag te hervinden.
- Aandacht geven. Het geven van aandacht is een belangrijke interventie. Met

aandacht laat de pedagogisch medewerker blijken dat zij er voor de patiënt is. Dit biedt rust en veiligheid. Daarnaast heeft het ook een preventief effect. Het voorkomt dat de patiënt om, soms negatieve, aandacht moet vragen.
- Negeren. Soms vertoont het kind provocerend en uitdagend gedrag. Het is soms beter dit gedrag te negeren dan er aandacht aan te geven.
- Afleiden. Soms is afleiding de beste remedie om met een moeilijke situatie om te gaan. Bij het ondergaan van een pijnlijke ingreep kan het voor het kind prettig zijn om afgeleid te worden. De pedagogisch medewerker kan hieraan bijdragen door middel van het aanleren van ontspanningsoefeningen, of door het kind naar zijn favoriete cd te laten luisteren tijdens de ingreep.
- Waarderen. Het geven van waardering leidt tot versteviging van het zelfbeeld. Een kind dat ziek is kan, zeker als er sprake is van een chronische ziekte, het gevoel hebben dat zijn lichaam hem in de steek laat, wat een negatief effect kan hebben op zijn zelfbeeld. De pedagogisch medewerker waardeert het kind om wat het wél kan, en dus worden de gezonde kanten benadrukt. Hiermee wordt het kind geholpen zijn zelfbeeld positiever te waarderen.
- Belonen. Belonen kan een effectief middel zijn om het kind te leren omgaan met het innemen van medicijnen en het moeten ondergaan van vervelende ingrepen. Het maken van een 'spaarkaart' met stickers, waarbij bij een bepaald aantal stickers een cadeau mag worden uitgezocht – uit bijvoorbeeld de cadeautjesdoos in de behandelkamer met zogenaamde 'prikcadeautjes' – kan hierbij een hulpmiddel zijn (Van Bommel, 1997).

3.2.2 Samenwerken met ouders en directe sociale omgeving

Pedagogisch medewerkers werken samen met de familie van de kinderen en met de directe sociale omgeving. Deze samenwerking houdt onder meer de volgende zaken in:
- informatie inwinnen bij de ouders en overleg over de ontwikkeling en het gedrag van hun kind;
- voorbeeldfunctie vervullen voor de ouders;
- informatie geven aan ouders over mogelijke reacties van het kind na de opname en hun adviseren hoe ze hiermee om kunnen gaan.

Ouders zijn en blijven verantwoordelijk voor de opvoeding van hun kind. In het ziekenhuis echter moeten zij een deel van de zorg aan anderen overlaten. Het is van wezenlijk belang met de ouders samen te werken, daar zij hun kind het beste kennen, en daarom ook hun kind het beste kunnen ondersteunen. In elk ziekenhuis zullen er afspraken zijn met betrekking tot bijvoorbeeld de bezoekuren – van henzelf, maar ook van overige familieleden –, overnachtingen en het gebruik van maaltijden. Ook moet er duidelijkheid zijn over de betrokkenheid van ouders bij ingrepen, het onder narcose gaan van hun kind, enzovoort. Verder hebben ouders er recht op om informatie en voorlichting te krijgen over procedures en medicijnen en ouders moeten toestemming geven tot het geven van medische behandelingen.

Ook voor de pedagogisch medewerker geldt dat zij overlegt met de ouders, dat ze informatie bij hen inwint over het gedrag van het kind en dat zij uitleg geeft over haar functie en wat zij in die hoedanigheid voor de ouders en kind kan betekenen. Het afstemmen van de zorg is essentieel.

3.2.3 Zorg voor het leefklimaat

Pedagogisch medewerkers dragen mede zorg voor een leefklimaat waarin aandacht is voor de algemene pedagogische basisvoorwaarde voor een grote groep kinderen: een zo veilig mogelijke leefomgeving. Er is ook aandacht voor fysiek en/of mentaal geretardeerde kinderen en kinderen met een specifieke hulpvraag. Hieronder vallen onder meer de volgende taken:
- ervoor zorgen dat het kind centraal staat en de bestaande leefpatronen zoveel mogelijk in stand worden gehouden;
- het bieden van structuur, bijvoorbeeld in de vorm van dagprogramma's;
- zorgen voor afstemming van ziekenhuisprocedures op het kind;
- kindvriendelijk inrichten van ruimten en voldoende (aangepast) spelmateriaal verzorgen en aanbieden.

Een goed (pedagogisch) klimaat moet voldoen aan een aantal basiscondities: het moet de basisbehoeften, zoals die volgens de behoeftenhiërarchie van Maslow geformuleerd worden, bevredigen. De laagste behoeften zijn die zaken die liggen op het lichamelijke vlak, zoals eten, slapen en een dak boven je hoofd. De volgende reeks heeft betrekking op zaken als structuur, orde, veiligheid en geborgenheid. De derde categorie heeft betrekking op saamhorigheid en liefde, en als laatste is er de behoefte aan zelfontplooiing (Van Bommel, 1997). Daarnaast moet er oog zijn voor elk kind als individu, omdat de 'hoogste' behoefte volgens de behoeftehiërarchie van Maslow, de zelfontplooiing, alleen maar tot stand kan komen als er sprake is van een individuele benadering en waardering van de eigenheid van het individu. Verder is het van belang dat het leefklimaat aangepast is aan de belevingswereld van het kind en er eenduidigheid bestaat over de behandeling en begeleiding.

VOORBEELD De pedagogisch medewerker zit in de speelkamer gezellig op de bank te praten met een stel tieners, of zij doet een spelletje met een aantal kinderen. Dit ziet er misschien 'gewoon en simpel' uit, maar de manier waarop de pedagogisch medewerker daar aanwezig is, is van fundamenteel belang. Door de aanwezigheid van de pedagogisch medewerker voelen de kinderen zich prettig en veilig, en is ruimte om tot een gesprek met de kinderen te komen. Om met Kok (1992) te spreken: 'Een opvoeder verspreidt een klimaat rond zich als uitstraling van zijn persoon'.

3.2.4 Bevorderen van pedagogische kennisoverdracht aan derden

Pedagogisch medewerkers dragen zorg voor overdracht van kennis met betrekking tot pedagogische aspecten van ziekte, opname en behandeling. Taken die verband houden met deze kennisoverdracht zijn:
- het geven van (klinische) lessen aan opleidingen over pedagogische aspecten van het verblijf van kinderen in het ziekenhuis;
- publiceren van artikelen;
- (mede) ontwikkelen van protocollen met betrekking tot de (pedagogische) begeleiding van het kind.

In de praktijk komt het erop neer dat de pedagogisch medewerker lessen geeft aan (leerling)verpleegkundigen en aan artsen in opleiding. Ook kunnen er lessen gegeven worden aan verpleegkundigen die zich specialiseren in de kinderverpleegkunde, of in de oncologie- of IC-verpleegkunde op de kinderafdeling. Ook het geven van gastcolleges op hogescholen en het houden van lezingen op symposia behoren tot de mogelijkheden.

3.2.5 Voorwaardenscheppende activiteiten

Pedagogisch medewerkers vervullen voorwaardenscheppende taken die zijn gericht op zowel het leefklimaat van het kind als op de directe uitvoering van de eigen taken:
- opstellen van pedagogische aandachtspunten voor specifieke patiëntengroepen;
- ontwikkelen en vervaardigen van voorlichtings- en verwerkingsmateriaal;
- zorg dragen voor materiaal en middelen waar ouders en kinderen zelfstandig gebruik van kunnen maken (knutselspullen, kinderboeken, aangepast speelgoed, video's, enzovoort).

3.2.6 Samenwerken met andere disciplines

Een pedagogisch medewerker werkt binnen haar functie weliswaar zelfstandig, maar voert haar werk wel uit in samenwerking met anderen. Om te beginnen werkt de pedagogisch medewerker meestal samen met één of meerdere pedagogisch medewerkers. Daarnaast werkt zij nauw samen met artsen en verpleegkundigen en neemt zij deel aan diverse vormen van overleg. Zo zal zij haar aandeel hebben tijdens de visite, in psychosociale besprekingen, of in gerichte patiëntbesprekingen. Ook werkt zij samen met medewerkers van andere disciplines, zoals daar zijn:
- psychologen en orthopedagogen
- medisch maatschappelijk werkers
- consulenten educatieve voorzieningen (voorheen leerkrachten ziekenhuisschool)
- diëtisten

- psychiaters
- fysiotherapeuten
- logopedisten
- vrijwilligers.

3.3 Methodieken

Welke vaardigheden en methodieken heeft een pedagogisch medewerker nu nodig om haar werk goed tot uitvoering te brengen?
De pedagogisch medewerker heeft de speelkamer als haar werkterrein: het is de plaats waar zij haar observaties doet. Daarnaast werkt zij 'aan het bed' om kinderen voor te bereiden op een onderzoek of narcose. Daarbij gebruikt zij diverse middelen en technieken.

3.3.1 De speelkamer: het werkterrein van de pedagogisch medewerker

De speelkamer is het voornaamste werkterrein van de pedagogisch medewerker. In alle kinderziekenhuizen en in vrijwel alle algemene ziekenhuizen met een kinderafdeling zijn speelkamers aanwezig. Soms worden deze speelkamers heel specifiek gebruikt voor het bieden van therapeutisch spel aan de opgenomen patiënten, soms hebben ze meer een huiskamerfunctie. In algemene ziekenhuizen zal de speelkamer ingericht zijn voor alle leeftijden. In de kinderziekenhuizen zijn vaak meerdere speelkamers aanwezig die gericht zijn op een aparte leeftijdsgroep of op een aparte patiëntencategorie. In sommige ziekenhuizen zijn ook voorzieningen die speciaal gericht zijn op pubers en adolescenten. Vaak betekent het de aanwezigheid van een eigen ruimte voor deze leeftijdsgroep. In de kinderziekenhuizen waar ook een kinder-IC is, zijn vaak speelkamers voor deze specifieke patiëntengroep te vinden.
In alle gevallen is de speelkamer een 'veilige' plaats voor kinderen, wat inhoudt dat er in de speelkamer geen medische en/of verpleegkundige handelingen en intakegesprekken mogen plaatsvinden. Het kind moet zich er veilig voelen en weten dat het hier ongestoord kan spelen.
Niet alleen biedt de pedagogisch medewerker hier het recreatief spel aan, het is ook de plaats waar spelobservaties plaatsvinden. Juist in het spel laten kinderen veel zien van wat er in hen omgaat.

3.3.2 Individuele spelcontacten

Naast de activiteiten die een pedagogisch medewerker onderneemt in de speelkamer zullen er veel momenten zijn dat de pedagogisch medewerker individueel (spel)contact heeft met een kind. Dat kan bijvoorbeeld zijn wanneer het kind in een zogenaamde 'box' ligt, waar het geïsoleerd verpleegd wordt. Er wordt dan in overleg met de ouders en het verplegend personeel een vast tijdstip van de dag afgesproken waarop de pedagogisch medewerker bij het kind komt voor spelcontact. Hierbij kan het gaan om het aanbieden van verwerkend spel, waarbij gericht wordt geobserveerd hoe het kind met zijn ziekte en behandeling omgaat of om het bieden van afleiding – het tegengaan van verveling. Ook het voorbereiden van een kind op een onderzoek of ingreep gebeurt veelal individueel. Binnen dit individuele contact wordt een intensief contact en daarmee het vertrouwen opgebouwd. Binnen de veiligheid van het spel kan het kind laten zien waar het mee zit en het durft vragen te stellen en zijn emoties te laten zien. Vanuit de observaties die de pedagogisch medewerker eerder deed biedt zij specifiek spelmateriaal aan, maar zij geeft het kind ook de ruimte en de vrijheid om daar wel of niet mee te spelen. Een kind dat niet met een dokterskoffertje of een Playmobil ziekenhuis wil spelen, wil misschien wel met de dierentuin of met de garage spelen en daarin zijn boosheid en frustraties uiten.

3.3.3 Het belang van spel voor zieke kinderen

Ziekte brengt voor een kind niet alleen een lichamelijk disfunctioneren met zich mee, maar heeft voor een kind ook psychische gevolgen. Ziek zijn heeft consequenties voor een optimale ontwikkeling van het kind en verstoort het dagelijks functioneren. Ziek zijn tast de verworven zelfstandigheid van het kind aan, en daarmee wordt het kind in een grotere afhankelijkheidspositie geplaatst. De ziekte kan het lichamelijk functioneren van het kind terugbrengen tot een niveau dat het al ontgroeid is. Het kind wordt bijvoorbeeld weer gewassen, aan- en uitgekleed of geholpen met eten.
Ziekte betekent ook een inperking van de bewegingsvrijheid. Het kind ligt veelal in bed, mag vaak niet naar buiten en ligt dus soms in een box.
Het ziek zijn belemmert ook de spelmogelijkheden van het kind. Sommige dingen zijn fysiek te zwaar of het kind heeft te weinig energie om op zijn niveau te kunnen spelen. Bovendien geeft ziek zijn een andere dimensie aan contacten met ouders, broertjes, zusjes, vriendjes en de school. Het kind vraagt en krijgt meer aandacht en neemt een uitzonderingspositie in. De relatie met leeftijdgenoten wordt minder hecht of juist hechter.
Ziekte beïnvloedt door al deze redenen ook het spel van kinderen. In welke mate hangt af van de kenmerken van de ziekte, de fase waarin het ziekteproces verkeert, de duur van de ziekte, de wijze waarop het kind de ziekte beleeft en de begeleiding van het kind gedurende zijn ziek zijn.
Over het algemeen kan men stellen dat ziekte een verminderde concentratie, een kortere spanningsboog en een snellere vermoeidheid veroorzaakt. Een eventuele terugval naar een lager spelniveau heeft vaak met een of meerdere van deze factoren te maken. Ook is het hierdoor voor een kind moeilijker om een spel af te maken. Een ziek kind toont minder initiatief en heeft minder exploratiedrang. Het spel moet daarom op gang gebracht worden en gestimuleerd worden. Dit is één van de belangrijke taken van de

pedagogisch medewerker! Zieke kinderen hebben behoefte aan aandacht en willen vaak met iemand samen spelen; in de praktijk van de pedagogisch medewerker betekent dit vaak dat er voor het kind gespeeld wordt. Hiermee kan het kind ook weer tot zelf spelen gestimuleerd worden.
Bij de keuze van speelgoed voor het zieke kind moet met bovengenoemde factoren dan ook rekening gehouden worden. Dat kan betekenen dat er teruggegrepen moet worden naar speelgoed uit een vroegere ontwikkelingsfase. Dat speelgoed is namelijk al bekend en geeft geen frustraties voor het kind. Toch moet het spelmateriaal ook niet te simpel zijn; het kind bemerkt dan te sterk dat het minder kan, en dat kan ook weer frustrerend zijn. Het speelgoed moet boeiend en aantrekkelijk zijn. Juist voor zieke kinderen is het van belang om hen uit te lokken om te spelen. Bij langdurig opgenomen kinderen vraagt dit veel van de creatieve vermogens van de pedagogisch medewerker: er moet van alles verzonnen worden om het spel voor het kind nog boeiend en interessant te houden. Vaak worden er dan ook bijzondere dingen aan langdurig zieke kinderen aangeboden. Zo kan de pedagogisch medewerker ervoor kiezen om bijvoorbeeld koekjes met het kind te bakken of om samen een fotoproject op te zetten.

3.3.4 Verschillende soorten spel

Kinderen moeten spelen om zich tot harmonische individuen te kunnen ontwikkelen en spel wordt dan ook gezien als een noodzakelijke voorwaarde voor de motorische, zintuiglijke, sociale, verstandelijke en emotionele ontwikkeling van kinderen. Door het spel leert een kind de wereld kennen. Dit geldt voor zowel gezonde als zieke kinderen. Spel heeft echter elementen in zich die vooral voor zieke kinderen van nut kunnen zijn, en spel heeft daarom voor zieke kinderen specifiekere functies:

- **Spel als middel om het zelfvertrouwen te herstellen.** Door het ziek zijn kan het zelfvertrouwen van het kind zijn aangetast, wat kan leiden tot een negatief zelfbeeld. Spelen is voor kinderen iets wat ze van nature doen en geeft het kind een gevoel van veiligheid. Voor een ziek kind betekent spel een houvast aan het bekende, en vormt zo een brug naar de gezonde wereld. Het kind ontleent veiligheid aan het vertrouwde van het spel, waardoor het zelfvertrouwen van het kind weer hersteld kan worden.
- **Spel als communicatiemiddel.** Ziekte dwingt een kind ertoe zich met zijn lichaam bezig te houden, waarmee het op zichzelf concentreert; dit kan tot gevolg hebben dat het kind zich afsluit voor de anderen om hem heen. Spelen stelt het kind in staat om die communicatie met zichzelf te verruimen en te verleggen naar andere horizonten. Via het spel kan het kind communiceren met anderen. In het spel toont het kind hoe het zich voelt.
- **Spel als middel om emoties te uiten en te verwerken.** Wanneer een kind ziek is, bevindt het zich in een stresssituatie en wordt het geconfronteerd met onrustgevoelens en emoties ten opzichte van het ziek zijn, zijn lichaam en het ziekenhuisgebeuren. Via het spel kan het kind het onbewuste bewust

maken. In het spel worden spanningen afgereageerd en worden gevoelens geuit. Het kind kan al spelend zijn ziekenhuiservaringen verwerken, en het spel heeft op zo'n moment een therapeutische functie. De pedagogisch medewerker zal een bewuste afweging dienen te maken welke materialen zij kiest om het kind uit te lokken tot het verwerken van zijn emoties. Vaak zal worden gekozen voor het aanbieden van zogeheten 'ziekenhuismateriaal'. Dat kan een dokterskoffertje zijn, of een tot ziekenhuis ingericht poppenhuis, waarmee allerlei ziekenhuissituaties worden nagespeeld.

VOORBEELD Een meisje van ongeveer 9 jaar wordt opgenomen in het ziekenhuis. Ze is erg angstig en bang voor alles wat er met haar moet gebeuren. De pedagogisch medewerker stelt voor om met het playmobil ziekenhuis te gaan spelen. Ze mag het inrichten zoals zij het wil – hiermee is zij dus 'de baas' van het ziekenhuis, waardoor ze controle heeft over de situatie. Daarna kiest ze ervoor om het poppetje in bed een infuus te laten krijgen. Zij heeft als het ware de rol van de dokter, en door die rol zelf te spelen verkleint dat haar eigen angst voor het krijgen van een infuus.

- **Informatief spel.** Er kan met 'echt' ziekenhuismateriaal geoefend worden ter voorbereiding op een bepaalde medische ingreep of behandeling. Het is namelijk van groot belang dat kinderen worden voorbereid op ingrepen en onderzoeken. Uitleg kan voorkomen dat kinderen zich overrompeld voelen door de gebeurtenissen en het kan extreme angst en fantasieën ondervangen. Als het kind weet wat het te wachten staat, raakt het enigszins vertrouwd met wat er komen gaat, en dit geeft hem grip op de situatie. Bij jonge kinderen kan met een pop of een beer een bepaalde situatie worden nagespeeld. Het is van belang altijd goed te observeren hoe een kind hierop reageert. Bij sommige kinderen kan op de eigen pop of beer geoefend worden, voor andere kinderen is dit bedreigend. Niet alle kinderen willen zelf de dokter spelen, maar vinden het voldoende als de pedagogisch medewerker het voordoet op de pop. Vaak zie je dat kinderen dit later dan wel zelf naspelen. Bij oudere kinderen kan gebruik gemaakt worden van fotoboeken en filmmateriaal ter voorbereiding op een onderzoek of ingreep. Het zien van een ander kind, en diens reacties erop kunnen ondersteunend en motiverend werken voor kinderen. Ze hebben als het ware een 'model' waarop ze zich kunnen richten. Het is wel van belang dat de kinderen in een dergelijke film niet te ideaal reageren. Er mag best getoond worden dat je bang mag zijn voor een prik of iets anders wat angst oproept.
- **Spel met een diagnostisch doel.** De pedagogisch medewerker kan het spel van het kind observeren en zo belangrijke informatie verzamelen over het kind. Zij zal in haar observaties de volgende vragen proberen te beantwoorden:
- wat is de spelvoorkeur van het kind?
- wat is de mate van concentratie?
- wat is de mate van continuïteit in het spel?

- is er sprake van spontaan spel of moet het kind geactiveerd en gestimuleerd worden?
- speelt het kind op zijn ontwikkelingsniveau of is het spelniveau lager dan bij ziekte gebruikelijk is?
- maakt het kind contact met anderen of juist niet?
- speelt het kind met andere kinderen of juist niet?
- hoe verloopt het contact met de ouders?
  Deze spelobservaties kunnen een beeld geven van het gevoelsleven van een kind. Kennis van dit gevoelsleven is belangrijk om te weten hoe een kind de ziekte, de opname, de onderzoeken en ingrepen beleeft.
- **Spel als middel tot recreatie.** Spelactiviteiten verdrijven de verveling die ziek zijn en verpleegd worden met zich meebrengen. Een kind dat wordt afgeleid met recreatief spel voelt zich prettiger en meer ontspannen, wat een positieve bijdrage tot het genezingsproces kan hebben.
- **Spel als middel om vaardigheden te oefenen.** Soms kan het kind door zijn ziekte of behandeling bepaalde lichaamsdelen niet of slechts in beperkte mate gebruiken. Soms moet het leren op een andere manier gebruik te maken van lichaamsdelen of lichaamsfuncties. Met behulp van spel kunnen de gewenste vaardigheden geoefend worden (Van den Wijngaard-van Dorst, 1983, 1985).

VOORBEELD In het ziekenhuis is een meisje aanwezig met een dusdanig hoge dwarslaesie dat ze geen gebruik meer kan maken van haar armen en benen. Ze hield altijd erg van tekenen, maar dit kan ze nu niet meer, en ze voelt zich hier zeer gefrustreerd over. De pedagogisch medewerker kan samen met haar zoeken naar dingen die ze nog wel kan. Mondschilderen is een van de dingen die het kind wel kan leren, hoewel dat niet vanzelf zal gaan. De pedagogisch medewerker kan haar helpen om deze vaardigheden te trainen en het kind te ondersteunen in dit proces. In dit proces zal ze het kind bemoedigen en motiveren, waardoor het kind zich de oefeningen eigen zal willen maken.

3.4 Voorbereiding van kinderen op ingrepen en operaties

Kinderen hebben informatie nodig over wat er gaat gebeuren in voor hen nieuwe situaties, bijvoorbeeld wanneer het kind voor het eerst naar school gaat. In dat geval zijn ouders goed in staat die informatie aan hun kind te verschaffen, omdat ze daar zelf voldoende over weten. In het geval van een opname in een ziekenhuis, of het voorbereiden op een operatie hebben ouders eerst zelf informatie nodig om hun kind voor te kunnen bereiden.

3.4.1 Het belang van voorbereiden

Onzekerheid over wat er gaat gebeuren geeft spanning en maakt een kind angstig. Wanneer het kind wel op de hoogte is van wat er gaat gebeuren, kan dit de angst verminderen, en (onrealistische) fantasieën kunnen worden voorkomen of weggenomen. Als een kind niet weet wat er gaat gebeuren kan er paniek ontstaan. Die paniekgevoelens kunnen een lange nasleep hebben. In vergelijkbare situaties kan dan later hetzelfde paniekgevoel weer terugkomen. Wanneer een kind weet wat er gaat gebeuren is de aanspreekbaarheid van het kind tijdens de ingreep groter. Het kind blijft dan rustiger en kan zich coöperatiever opstellen (Dekker, 2001).

Door een kind zo waarheidsgetrouw mogelijk te informeren, wordt geprobeerd het vertrouwen van het kind niet te schaden. Dit is van groot belang voor de relatie met het kind, zeker ook na de ingreep. Wanneer eerlijk verteld wordt dat iets pijn doet, behoudt het kind het vertrouwen. Open en eerlijke voorlichting geeft ook ruimte om gevoelens te uiten en te verwerken. Voorbereiden verhoogt de voorspelbaarheid en biedt daardoor een vorm van controle voor het kind. Door de gebeurtenissen voorspelbaar te maken kan het spanningsniveau verlaagd worden, zodat het kind makkelijker kan meewerken tijdens de ingreep of behandeling (Streng, 2003).

3.4.2 Wat is voorbereiden?

Voorbereiden is het informatie verschaffen aan kind en ouders, over de medische of verpleegkundige (be)handeling of onderzoek, rekening houdend met leeftijd, ontwikkelingsniveau, karakter en eigenheid van het kind. Informatie over (be)handeling of onderzoek richt zich op de volgende onderwerpen:

- **Redenen (be)handeling en onderzoek.** Waarom is de (be)handeling of het onderzoek nodig? Wat is het doel van de ingreep of het onderzoek?
- **Procedure van (be)handeling en onderzoek.** Hierbij gaat het om uitleg van de medische handelingen, de instrumenten, het tijdstip, de ruimte en duur van de ingreep of het onderzoek en met welke personen het kind in aanraking komt. Er wordt informatie gegeven over het concrete verloop van een onderzoek of behandeling. Alles wordt stapsgewijs doorgenomen, zodat het kind een reëel beeld krijgt van wat er gaat gebeuren. Er moet alleen relevante informatie gegeven worden en verwarrende details moeten vermeden worden. Uiteraard is dit afhankelijk van leeftijd en ontwikkelingsniveau van een kind.
- **Sensorische informatie.** Dit betekent alle informatie over de sensaties die het kind voor, tijdens en na de ingreep zal ervaren, zoals: geuren, gevoelens van pijn en warmte, geluiden, hoe kleding van artsen, de ruimte en het eigen lichaam eruit zien. Concreet gaat het dan om zaken als wat ruikt het kind, wat ziet het kind, wat hoort het, en wat voelt het? Door middel van een fotoboek kan alvast een beeld gegeven worden hoe een bepaalde onderzoeks-

ruimte eruit ziet. Geluiden kunnen op een cassettebandje worden opgenomen, om het kind voor te bereiden op harde of brommende geluiden.
- **Hanteringsvaardigheden *(coping)*.** Hanteringsvaardigheden zijn manieren om met een moeilijke situatie om te gaan. Aan het kind kan verteld worden met welke vaardigheden het de ingreep zo goed mogelijk kan doorstaan, bijvoorbeeld ontspannings- en/of afleidingstechnieken. Het gaat hierbij om vaardigheden die kunnen helpen om te ontspannen of om de aandacht af te leiden. Deze vaardigheden worden ook met het kind geoefend. Het kind houdt hierdoor meer grip op de situatie en beïnvloedt daardoor de pijnervaring.
- **Begrip.** Na de informatieoverdracht nagaan of het kind en de ouders de gegeven informatie hebben begrepen. Zonodig de gegeven informatie herhalen en/of aan kind en ouders vragen terug te vertellen wat ze hebben gehoord en begrepen (Streng, 2003; Dekker, 2001).

3.4.3 Hoe bereid je voor?

- Bespreek met ouders bijvoorbeeld tijdens het anamnesegesprek het beoogde doel van voorbereiden en wie deze informatie het beste aan het kind kan overbrengen (verpleegkundigen, ouders, pedagogisch medewerker). Vraag na wat ouders en kind al weten over de geplande behandeling of ingreep.
- Informeer of het kind al eerder opgenomen is geweest en hoe het hierop heeft gereageerd. Wanneer het kind eerdere operaties of onderzoeken heeft gehad, hoeft dit niet te betekenen dat het minder bang is (soms is het zelfs angstiger).
- Bespreek met ouders en kind het tijdstip van de voorbereiding. Bij het voorbereiden en begeleiden van het kind is het belangrijk uit te gaan van het ontwikkelingsniveau en de kalenderleeftijd. Wanneer ontwikkelingsniveau en kalenderleeftijd niet met elkaar in overeenstemming zijn ga dan uit van het ontwikkelingsniveau.
- Zorg dat de gegeven informatie klopt met de werkelijkheid (bijvoorbeeld: de tijd van de operatie, aan wat voor apparatuur het kind ligt bij het wakker worde enz.). Wees eerlijk in de informatie die gegeven wordt en beloof geen dingen die niet waar gemaakt kunnen worden.
Neem de tijd en rust om het kind voor te bereiden. Bereid voor in een prikkelarme omgeving bijvoorbeeld op een rustige zaal of in een spreekkamer met de deur dicht.
- Bereid het kind en ouders alleen voor op het eerstvolgende onderzoek.
- Pas taalgebruik en de inhoud van de informatie aan aan het niveau van het kind. Bij uitleg aan een jong kind over 'nuchter zijn voor een foto' kan bijvoorbeeld verteld worden dat de dokter anders op de foto alleen eten in je buik ziet.
- Reageer zo duidelijk mogelijk op vragen en reacties van het kind. Forceer niets! Als het kind niets wil weten, richt de uitleg dan op de ouders, zo neemt het kind toch de informatie op.

Vertel in ieder geval aan het kind welke 'apparatuur' het heeft na de operatie: een infuus, een catheter, een maagsonde, enzovoort.
- Geef ook informatie over sensorische indrukken: over wat het kind zou kunnen voelen, zien, horen en ruiken.
- Als het kind wordt opgenomen voor een operatie, vertel dan in het voorbereidingsverhaal dat het kind 'uit de narcose wordt gehaald' en vertel wat er daarna gebeurt (de pyjama mag weer uit, je mag straks weer drinken en ook weer spelen).
- Geef de situatie een positieve waarde, bijvoorbeeld door te vertellen dat na de operatie het infuus er weer uit mag, en het kind zijn handen weer kan gebruiken. Zo wordt het kind perspectief geboden.
- Geef kinderen en ouders de ruimte om tijdens de voorbereiding hun emoties van verdriet en angst te laten zien. Herken en erken deze gevoelens en probeer kind en ouders gerust te stellen (Streng, 2003).

3.4.4 Voorbereiding per leeftijdsfase

De voorbereiding verschilt naargelang de leeftijd van het kind. Er dient rekening mee gehouden te worden dat het ontwikkelingsniveau niet altijd overeenkomt met de leeftijd in jaren. Een kind van bijvoorbeeld 8 jaar kan functioneren op het niveau van een kind van 5 jaar. Belangrijk is dan zowel informatie over kleuters als informatie over lagere-schoolkinderen paraat te hebben.

Baby's (0–1½ jaar)
Baby's reageren op aanraking, intonatie van de stem, geuren en geluiden. Deze sensorische prikkels zijn op deze leeftijd uiteraard belangrijker dan de inhoudelijke informatie. Ook baby's moeten voorbereid worden op wat komen gaat. Het is voor hen van belang om te weten dat er iets gaat gebeuren wat afwijkt van de gewone dagelijkse verzorging en routine. Natuurlijk heeft een baby niet veel aan verbale informatie, maar uit de toon waarop iets gezegd wordt, kan het wel afleiden dat er iets gaat gebeuren.
Wanneer er regelmatig medische handelingen gedaan moeten worden, is het wenselijk dit volgens een vast patroon te doen, zodat het ook voor de baby meer voorspelbaar wordt. Zo kan tijdens bijvoorbeeld sprayen elke keer hetzelfde liedje opgezet worden en uitgezet worden als de handeling klaar is. Ook een vaste plek en dezelfde houding bieden structuur. Het is daarbij heel belangrijk dat er iemand bij het onderzoek of medische/verpleegkundige handeling aanwezig is, die vertrouwd is voor het kind, het liefst de ouder(s). Het is noodzakelijk dat het kind getroost wordt.
Het is belangrijk de baby voor, tijdens en na de ingreep te begeleiden, waarbij een aantal praktische aandachtspunten gelden:
- Informeer de ouders over wat er gaat gebeuren.
- Laat aan het kind merken dat je er bent door het aan te raken en dan het kind te begroeten.

- Maak het kind wakker voordat je iets gaat doen.
- Kondig aan wat je gaat doen en laat evt. zien wat je bij je hebt.
- Benoem welke gevoelens en emoties dit kan oproepen en laat dit vooral aan je stem en gezichtsuitdrukking merken.
- Praat tegen het kind tijdens de handeling om het kind gerust te stellen en leidt het af door bijvoorbeeld te zingen of door met het favoriete speeltje of knuffel te spelen.
- Neem de tijd en rust om de handeling uit te voeren, raak het kind gericht aan en voer de handeling zo snel mogelijk uit.
- Na de ingreep het kind troosten en vertellen dat je klaar bent.
- Indien mogelijk even bij het kind blijven om het positief af te sluiten. Zorg ervoor dat het kind zich weer behaaglijk kan voelen door een cassetterecorder of mobiel aan te zetten of een speeltje aan te reiken.

Peuters (± 1½–4 jaar)
De peuterfase is een fase, waarin het nog moeilijk is om een kind van tevoren duidelijk te vertellen wat het te wachten staat. Een peuter kan vanwege een gering tijdsbesef nog niet goed anticiperen op gebeurtenissen. Het kind leeft nog veel in zijn eigen wereldje en beleeft dat wat er op een bepaald moment gebeurt of verteld wordt. Het kind is nog niet in staat om van datgene wat hem wordt verteld, een voorstelling te maken. Bovendien kan de peuter zich nog moeilijk concentreren op een verhaal en zien peuters het logische verband nog niet zo duidelijk.

Bij peuters kan heel goed voorbereid worden met behulp van spel (pop). Zo is de peuter in staat om de medische handeling te visualiseren. Daarnaast zorgt het ervaren van medische voorwerpen en situaties, in een relatief veilige omgeving, ervoor dat een volgende confrontatie (bijvoorbeeld in de inslaapkamer) iets herkenbaars heeft. Hierdoor kunnen angst en schrikreacties verminderd worden. Bijna overal zijn op kinderafdelingen zogenaamde voorbereidingskoffertjes te vinden. Hierin zit echt medisch materiaal dat gebruikt kan worden bij het voorbereiden van kinderen.

In angstige of bedreigende situaties ontlenen peuters een gevoel van veiligheid nog heel direct aan de aanwezigheid van ouders of verzorgers. Het bieden van steun middels aanwezigheid van een bekend persoon is voor peuters dus belangrijker dan verbale informatie.

De volgende praktische aandachtspunten zijn voor peuters belangrijk:

- Het is belangrijk eerst de ouders voor te bereiden, zonder de aanwezigheid van het kind. Maak hierbij gebruik van het beschikbare materiaal (foto/werkboek, voorbereidingsfilm). Met ouders moet goed worden overlegd hoe het kind het beste voorbereid kan worden.
- Vraag na aan ouders en kind of ze eerdere ervaringen hebben en wat het kind er nog van weet, zodat je daar eventueel op in kunt gaan.
- Als van tevoren bekend is dat het kind na de operatie naar een andere afdeling gaat, wat in de grotere academische (kinder)ziekenhuizen regelmatig

voorkomt, is het belangrijk de ouders hierover in te lichten en ze deze afdeling te laten zien.
- Het kind zelf wordt kort voor de (be)handeling geïnformeerd, in ieder geval voor de premedicatie. Doe dit in aanwezigheid van de ouders. Vertel dan alleen over specifieke handelingen ('Je moet een prik.'). Geef daarbij ook de gevolgen aan ('Dat doet even pijn.'), maar bied het kind ook houvast en steun ('Mama blijft bij je' of 'Ik blijf bij je').
- Het is belangrijk de peuter het voorbereidingsmateriaal (voorbereidingskoffer en pop) te laten ervaren door het ermee te laten spelen.
- Probeer het kind bij de voorbereiding te betrekken door vragen te stellen en het kind mee te laten helpen met de pop.
- Tijdens de handeling kun je voor het kind verwoorden wat er gebeurt en wat dat mogelijk voor het kind betekent, en eventueel het kind afleiden.

Kleuters (4–6 jaar)
Een kleuter is in staat om zich te richten op de mensen en zijn omgeving. Hij kan al redelijk geconcentreerd luisteren en informatie in zich opnemen. De voorbereiding dient echter niet al te lang te duren, omdat kleuters zich niet lang kunnen concentreren.
De kleuter heeft een eigen belevings- en fantasiewereld. Het is goed daar rekening mee te houden door bij het voorbereiden alleen die dingen te vertellen die het kind mogelijk kan ervaren. Het geven van gedetailleerde informatie over de ingreep of handeling zelf heeft weinig zin. Het kind heeft meer aan vooral zintuiglijke informatie: dingen die het kind kan zien, horen, voelen en ruiken.
Naast de fantasieën die een kleuter kan hebben over de inhoud van (be)handeling, komt het ook regelmatig voor dat kleuters de opname of (be)handeling als een straf ervaren. Kleuters kunnen bijvoorbeeld denken dat ze gestraft worden voor bedplassen, ruzie met een familielid, 'slechte gedachten', enzovoort. Het is belangrijk de kleuter hierin gerust te stellen. Voor kleuters is het soms prettig als er een paar maal teruggekomen wordt op de voorbereiding, zodat ze zich de situatie voor kunnen gaan stellen en zich deze enigszins eigen kunnen maken. Het is ook belangrijk om het kind zelf te laten verwoorden wat het gehoord heeft. Zo kan worden nagegaan wat het kind heeft begrepen en wat er in het kind omgaat, met name met betrekking tot (irreële) fantasieën rond de (beangstigende) situatie.
Praktisch gezien komt de voorbereiding van kleuters op de volgende punten neer:
- Bij kleuters geldt dat voorbereiding het best in het bijzijn van en na overleg met de ouders kan plaatsvinden. Het tijdstip van voorbereiden hangt af van het kind en zijn ouders. Wanneer het voorbereiden de middag vooraf gebeurt, is er kans om op de informatie terug te komen met het kind. Maak gebruik van de aanwezige voorbereidingsmaterialen.

- Vraag na aan ouders en kind of ze eerdere ervaringen hebben en wat het kind er nog van weet, zodat je daar eventueel op in kunt gaan.
- Als van tevoren bekend is dat het kind na de operatie naar een andere afdeling gaat is het belangrijk het kind en de ouders hierover in te lichten en de ouders deze afdeling te laten zien.
- Probeer de planning van de dag en ingreep of behandeling aan het kind duidelijk te maken.

Basisschoolkinderen (6–12 jaar)
Bij jongere kinderen (6-8) staat spel meer op de voorgrond. Naarmate ze ouder worden (8-12) wordt het verbale contact belangrijker. Ook de invloed van leeftijdgenootjes begint een rol te spelen.
Aan het basisschoolkind kan verteld worden wat er gaat gebeuren. Het kind is echter nog niet in staat het geheel te overzien. Het kind snapt niet altijd wat de oorzaak is en wat het gevolg. Ook kan het kind nog niet inschatten hoe controle te houden over de situatie. Hierdoor kan angst een grote rol spelen. Sommige kinderen drukken deze emoties weg en geven daardoor slechts weinig uiting aan hun gevoelens. Belangrijk is om via het opbouwen van vertrouwen (middels praatcontact of spel) zicht te krijgen op wat er in een kind omgaat. Negeer de angsten van het kind niet, maar maak ze bespreekbaar!
Bij basisschoolkinderen die geopereerd moeten worden leeft vaak (verborgen) angst voor verminking: zo spelen er bij hen vragen als 'hoe zie ik er uit na de operatie?' Ook geven kinderen in deze leeftijdsfase aan bang te zijn wakker te worden tijdens de operatie.
Praktische punten:
- Bij deze kinderen geldt ook dat voorbereiding het best in het bijzijn van en na overleg met de ouders kan plaatsvinden. Bespreek het tijdstip van voorbereiden met het kind en de ouders. Het oudere schoolkind (8-12 jaar) kan meebeslissen over dit tijdstip, zo heeft het kind meer controle over wat er gaat gebeuren. Wanneer het voorbereiden de middag vooraf gebeurt, is er kans om op de informatie terug te komen met het kind.
- Vraag na aan ouders en kind of ze eerdere ervaringen hebben en wat het kind er nog van weet, zodat je daar eventueel op in kunt gaan.
- Als van tevoren bekend is dat het kind na de operatie naar een andere afdeling gaat is het belangrijk het kind en de ouders hierover in te lichten en ze indien mogelijk deze afdeling te laten zien.
- Wil het kind geen informatie hebben, accepteer dit dan. Sommige kinderen willen de informatie wel horen, maar lijken niet alles aandachtig te volgen, bijvoorbeeld omdat het voor het kind te confronterend is. Ga wel door met het verhaal, want ze nemen de informatie wel in zich op.
- Maak gebruik van een in de meeste ziekenhuizen aanwezig 'Voorbereidingsboek' en van de 'Voorbereidingskoffer'. Belangrijk is wel om dit samen met een kind te bekijken, zodat eventuele vragen beantwoord kunnen worden. Geef het boek nooit zonder uitleg of toezicht.

- Probeer de planning van de dag en ingreep of behandeling aan het kind duidelijk te maken.

Adolescenten (vanaf 12 jaar)
In de contacten met de adolescent staat de verbale communicatie op de voorgrond. Het cognitieve vermogen neemt toe. De adolescent kan over het algemeen sneller en meer informatie verwerken dan het lagere schoolkind en daarbij zijn aandacht meer selectief op bepaalde zaken richten. Kenmerkend voor deze leeftijd is de identiteitsontwikkeling; het gevoel van eigenwaarde en lichaamsbesef, het zich losmaken van zijn ouders en de omgang met leeftijdgenoten wordt steeds belangrijker. De adolescent wil zelf over een aantal zaken kunnen meedenken en meebeslissen. De adolescent verwacht hierin door zijn omgeving serieus te worden genomen. Het is belangrijk de adolescent hierin te steunen.
De adolescent is toekomstgericht en denkt na over de gevolgen van een operatie, behandeling of ingreep. Hierbij kan gedacht worden aan de gevolgen voor onder andere de zelfontplooiing, beroepskeuze, seksualiteit en de omgang met leeftijdgenoten.
Ook bij deze groep spelen er gevoelens van angst en schaamte bijvoorbeeld: angst voor controleverlies, angst voor verminking (een lelijk litteken), bang om in de narcose te blijven of tijdens de narcose hardop over geheimen te gaan praten en angst om achter te raken op school.
Praktische punten:
- Ook bij adolescenten geldt: voorbereiding het liefst in het bijzijn van en na overleg met het kind en de ouders. Bespreek het tijdstip van voorbereiden met de adolescent en ouders. De adolescent kan mee beslissen over dit tijdstip, zodat er meer controle is over wat er gaat gebeuren. Wanneer het voorbereiden de middag vooraf gebeurt, is er kans om op de informatie terug te komen met de patiënt. Bij oudere adolescenten is de aanwezigheid van ouders niet noodzakelijk.
- Als van tevoren bekend is dat de adolescent naar een andere afdeling gaat is het belangrijk de adolescent en de ouders hierover in te lichten en ze indien mogelijk deze afdeling te laten zien.
- De adolescent vindt het vaak prettig om informatie van de behandelend arts zelf te krijgen over de operatie en de consequenties daarvan. Let hierbij op dat er niet teveel over percentages wordt gesproken (bijvoorbeeld: bij 80 procent slaagt de operatie wel, bij 20 procent niet).
- Maak gebruik van het aanwezige voorbereidingsmateriaal.
- Probeer de planning van de dag/ingreep/behandeling aan de adolescent duidelijk te maken (Streng, 2003).

3.5 Coping

Het kind kan tijdens de voorbereiding, het onderzoek of de inleiding op de narcose op verschillende manieren reageren. De twee meest voorkomende reacties zijn monitoring of blunting. Beide zijn copingstrategieën. Het kind kiest die strategie die het best bij hem of haar past om met de situatie om te gaan.

Monitoring houdt in dat kinderen vooraf informatie willen horen over wat er gaat gebeuren en de handeling ook bewust blijven volgen. Als ze dit kunnen gebruiken ze afleidingstechnieken, die ze hebben aangeleerd, om zo zélf hun stressniveau te verlagen. Kinderen die deze strategie gebruiken houden dus alles wat er gebeurt heel goed in de gaten, willen overal uitleg over, en blijven vragen stellen. Ze willen vooral zelf veel controle houden over de gehele gebeurtenis.

Blunting houdt in dat kinderen de informatie negeren en proberen zich voor de handeling en de stress die daarbij komt, af te sluiten of zich mentaal op iets anders te richten (vermijdingsgedrag). Deze kinderen willen eigenlijk niet zoveel weten, doen vaak letterlijk de ogen dicht en willen dat de handeling zo snel mogelijk voorbij is. Wel kunnen deze kinderen afgeleid worden met bijvoorbeeld muziek of een verhaal waarnaar ze kunnen luisteren.

Het is uit onderzoek gebleken dat oncontroleerbare gebeurtenissen die een matige stress geven het meest met blunting gebaat zijn. In situaties waar de stress en de pijn intens is, gaan kinderen soms van blunting over op monitoring, om in de gaten te houden wanneer iets is afgelopen of hoe ze mogelijkerwijs toch zelf iets kunnen doen om de stress te verlagen. Het is zinvol je voorbereiding of begeleiding aan te passen aan de strategie die het kind vertoont. Goede observatie van het kind en vooraf informatie inwinnen bij het kind en zijn ouders is dan ook heel belangrijk. Het is gebleken dat de methode waar het kind zelf voor kiest, in elk geval het meest stressverlagend werkt.
Hanteringsvaardigheden zijn vaardigheden die een kind aangeleerd kunnen worden om zichzelf te helpen om een ingreep zo goed mogelijk te doorstaan. De vraag die dan beantwoord moet worden is wat het kind kan doen om zijn aandacht af te leiden van vervelende en/of pijnlijke momenten tijdens de ingreep. Al bij jonge kinderen (3 of 4 jaar) kan het stressniveau bij het kind aanzienlijk afnemen na oefening in hanteringsvaardigheden (Streng, 2003).

3.5.1 Ontspannings- en afleidingstechnieken

Pijn en stress bij medische ingrepen zijn nauw met elkaar verweven. Psychologische factoren kunnen de pijn beïnvloeden. Pijn kan zowel langs lichamelijke als langs psychologische weg versterkt of juist afgezwakt worden. Een van de belangrijkste psychologische factoren die pijn versterkt is aandacht van de patiënt voor de pijn. Die aandacht kan het gevolg zijn van factoren als angst, een verkeerde negatieve verwachting of een negatieve eerdere ervaring. Hoe minder aandacht voor de ingreep, hoe minder pijn iemand ervaart. Aan de andere kant, als iemand het heel spannend vind, zal hij meer willen volgen wat er allemaal gebeurt. Stress heeft op deze manier invloed op het ervaren van pijn.

Een logische basis voor psychologische begeleiding bij medische ingrepen vormen de drie factoren gevoel van controle, voorspelbaarheid en afleiding. De begeleiding is dan enerzijds bedoeld om via een vermindering van stress te komen tot een vermindering van pijn, anderzijds om rechtstreeks de pijn te verminderen in de vorm van het leren van afleiding (Van Linden van den Heuvell, 1994).

Kinderen die vervelende en ingrijpende gebeurtenissen als prikken moeten ondergaan kunnen in een vicieuze cirkel terecht komen. Daarnaast kan het gevoel voor verlies van controle en autonomie een rol spelen in de pijnbeleving. Er is sprake van combinaties van de angst voor de pijn, plus de angst om de autonomie te verliezen, plus de lichamelijke weerstand (pijn vermijden, vluchten). Als daarnaast het kind ook wordt vastgehouden betekent dit weer verlies van autonomie, wat weer een verhoogde lichamelijke weerstand geeft, enzovoort. Hiermee komt het kind in een vicieuze cirkel van angst en pijn terecht, waar het niet altijd zelf uit kan komen.

Om deze vicieuze cirkel van angst, pijn en spanning te doorbreken kunnen ontspanningsoefeningen een goed hulpmiddel zijn. Door een goede ontspanningsoefening leert het kind weer rustig te ademen en zo de spieren weer zo los en ontspannen mogelijk te maken (De Vos, 2001).

VOORBEELD   Een kind heeft een nieuw infuus nodig en is erg bang en angstig. De pedagogisch medewerker kan het kind middelen aanreiken om minder gespannen met die situatie om te gaan. Zij kan bijvoorbeeld een video laten zien waarop een kind te zien is dat ook een infuus moet krijgen. Nadat ze de video hebben bekeken kan de pedagogisch medewerker samen met het kind de oefeningen doen die ook in de video voorkwamen, zoals ademhalingsoefeningen of het spannen en ontspannen van de spieren.

Wanneer de aandacht door iets wordt afgeleid kan dit de pijn voor even doen vergeten. Door de aandacht op iets anders te richten – door naar muziek te luisteren, door het kijken naar iets anders – wordt het kind afgeleid van de ingreep. Meerdere sensorische prikkels tegelijkertijd kunnen dit effect vergroten. Zoals bij de uitleg over monitoring en blunting beschreven staat is niet elk kind hier gevoelig voor (De Vos, 2001).

VOORBEELD   Voor Tom, een jongetje van 10 jaar, is het aanprikken van de PAC een traumatische gebeurtenis. Door hem afleiding van de prik te bieden kan hij met de situatie omgaan. Kinderen die gevoelig zijn voor afleiding zijn gebaat bij meerdere afleidende prikkels, meerdere sensorische ervaringen tegelijkertijd. In dit geval hielp het om hem op een lolly te laten zuigen. Deze afleidingstechniek werd gefilmd door de pedagogisch medewerker – zodat ze dit aan andere kinderen en aan verpleegkundigen in opleiding kon laten zien – en dit hielp het kind nog eens extra. Hij was zo geconcentreerd op het filmen van de pedagogisch medewerker, dat dit voor hem nog een extra afleiding was, waardoor het prikken bijna vanzelf ging.

3.5.2 Oefening volgens de Jacobson-methode

De Jacobson-methode is een ontspanningstechniek die gebaseerd is op spanning en ontspanning. Door elke spiergroep eerst aan te spannen en daarna te ontspannen en zich te richten op de ademhaling kan men tot totale ontspanning komen. Vaak wordt de oefening afgesloten met een samen met het kind gemaakt verhaal. Dit verhaal kan gebaseerd zijn op een prettige gebeurtenis of kan een fantasieverhaal zijn rondom het lievelingsdier van het kind. De oefening moet eerst samen met het kind geoefend worden, en het kind moet open staan om deze methode te gebruiken. Deze oefening kan op een bandje gezet worden waardoor het kind het ook zelfstandig kan gebruiken.
Het verhaal aan het eind van de oefening kan samen met het kind gemaakt worden aan de hand van zijn of haar favoriete plek (bijvoorbeeld het strand, het bos, zijn of haar eigen kamer).
De volgende situatie is een voorbeeld van hoe de Jacobson-methode aan een kind van ongeveer tien jaar uitgelegd kan worden. Het gaat hier om een situatie waarin de pedagogisch medewerker het kind al goed kent en bijvoorbeeld al een aantal malen is meegegaan naar een onderzoek of ingreep.

VOORBEELD   'Ik ben nu een paar keer meegegaan (naar het aanprikken van de PAC) en heb gemerkt dat je daar bang voor bent en dat je dan heel zenuwachtig en gespannen bent. Weet je wat dat is, gespannen zijn? Ja, kun je me laten zien hoe je bijvoorbeeld je arm kunt spannen? Nee, kun je een vuist maken en heel hard knijpen? Voel je dat je arm dan helemaal stijf en gespannen is? Als je arm ontspannen is, voelt hij slap en zwaar, als ik hem optil en loslaat valt ie vanzelf naar beneden, voel je wel? Gespannen zijn kun je ook voelen aan je ademhaling. Als je heel diep ademhaalt en rustig uitblaast ben je minder gespannen dan wanneer je heel kort uitblaast. Ik leg mijn hand nu op

je buik en dan kijk ik of die hand dan meebeweegt met je buik, met je ademhaling. Als je ergens bang voor bent, omdat je bijvoorbeeld bang bent dat iets pijn gaat doen, dan ben je vaak juist gespannen en kun je niet rustig ademhalen. En als je gespannen bent kan bijvoorbeeld een prik meer pijn doen dan wanneer je niet gespannen bent. Dus als je niet gespannen bent, maar ontspannen, kan dat helpen om het prikken minder vervelend, minder pijnlijk te maken. Ik kan je een oefening leren, die je zelf kunt gebruiken wanneer je weet dat er weer zo'n vervelende prik gaat komen. We gaan het eerst oefenen en later zet ik de oefening op een bandje zodat je de oefening ook thuis kunt gebruiken om je te ontspannen. Het is een oefening waarbij je het verschil tussen gespannen en ontspannen gaat leren voelen. Om dat te leren gaan we om de beurt spieren in je lichaam spannen en ontspannen.
Aan het eind van de oefening vertel ik nog een verhaaltje over iets wat jij fijn vindt, bijvoorbeeld lekker aan het strand liggen, of in het bos, of iets anders waar jij je heel prettig voelt. Je mag kiezen of je op een stoel wilt zitten, of dat je op je bed wilt liggen. Je mag je ogen dichtdoen als je dat fijn vindt. Dan gaan we nu de oefening beginnen.'
We gaan beginnen met heel rustig adem te halen... Adem maar in... en adem maar uit. Nu gaan we je rechterhand en rechterarm spannen en ontspannen. Maak maar een vuist en steek je arm maar naar voren. Voel dat je arm gespannen is... en laat maar los en leg de arm weer neer en voel dat je arm zwaar is en ontspannen. Laat je rechterarm rustig liggen en denk nu aan je linkerarm...'

Deze oefening gaat door tot alle spiergroepen in het lichaam aan de beurt geweest zijn.

'Je bent nu helemaal ontspannen, je voelt je zwaar en loom. Denk nu maar aan het bos, het is lekker warm weer, en je ligt in het zachte mos. Je kijkt naar boven, naar de blauwe lucht en je voelt de warme zon op je gezicht. Je hoort het ruisen van de bomen en in de verte hoor je het water van een beekje. Je ligt heerlijk en je voelt je helemaal rustig en ontspannen.
Nu ben je weer terug hier in de kamer. Je mag nog even rustig en ontspannen blijven liggen. Straks ga ik tot drie tellen... één... nu voel je je een beetje wakker worden... twee... je doet rustig je ogen weer open... en... drie. Je gaat je armen en benen weer bewegen en een beetje uitrekken, en dan is de oefening klaar.'

3.6 Snoezelen en de snoezelkamer

Snoezelen is het selectief aanbieden van zintuiglijke prikkels in een sfeervolle omgeving. Het begrip snoezelen is afkomstig van twee begrippen: snuffelen en doezelen. Snuffelen verwijst naar de mogelijkheid om nieuwe indrukken op te doen, om je te verwonderen, om uitgenodigd te worden tot voelen, kijken, luisteren, ruiken en misschien wel proeven. Doezelen hangt samen met de mogelijkheden om je te kunnen ontspannen, om even uit de dagelijkse praktijk te stappen en weg te dromen. Op deze twee manieren kan snoezelen dus effect hebben: het nodigt iemand uit om ofwel te reageren of om tot rust te komen (De Vos, 2001; Hulshegge & Verheul, 1991). Snoezelen wordt beleefd in een schemerige, sfeervolle ruimte waar zachte muziek klinkt. Er wordt een nadrukkelijk beroep gedaan op de zintuigen: gehoor, gezicht, reuk, smaak en tast.

In de gehandicaptenzorg is het begrip snoezelen zeer bekend. In ziekenhuizen wordt het ook gebruikt bij kinderen met ontwikkelingsachterstand en kinderen met lichamelijke en geestelijke handicaps. Sommige ziekenhuizen zullen zich de luxe kunnen permitteren een eigen snoezelruimte te kunnen inrichten, maar ook met diverse materialen in de gewone spelsituatie kan er gesnoezeld worden (De Vos, 2001; Hulshegge & Verheul, 1991).

Er zijn drie soorten basiselementen voor een snoezelruimte:

- **Tactiele elementen.** Een zachte vloer, met bijvoorbeeld zachte vloerbedekking, een waterbed, matrassen, enzovoort. Ook de wanden kunnen met prettig zacht voelend materiaal worden bekleed. Daarnaast materialen als voelzakjes met daarin bijvoorbeeld rijst, macaroni of bonen.
- **Auditieve elementen.** Een geluidsinstallatie, en een verzameling cd's met rustige muziek. Daarnaast muziekdoosjes en andere materialen die geluid maken (regenbuizen, enz).
- **Visuele elementen.** Verlichting is heel belangrijk voor de sfeer. Warme kleuren (rood, oranje, geel) zorgen voor een vriendelijker sfeer dan koele kleuren (blauw, groen en paars). Sfeerverlichting kan vormgegeven worden in de vorm van spotjes met dimmers, lichtgordijnen, spiegelplaten, diaprojectoren, en dergelijke.

3.7 Dagprogramma's

Voor veel kinderen kunnen ziekte en opname dermate verwarrend zijn dat het nodig is hun een vaste structuur te bieden in een vorm van een dagprogramma. Dit kan hun houvast en zekerheid bieden. Vaak wordt zo'n programma aangeboden aan kinderen die langer dan een week worden opgenomen, of aan kinderen die extreem angstig reageren op alles wat er gebeurt. Ook bij kinderen die niet alleen om somatische redenen worden opgenomen – bijvoorbeeld bij kinderen waarbij sprake is van functionele stoornissen, kinderen met eetproblemen, enzovoort – wordt vaak gebruik gemaakt van een dagprogramma.

Het dagprogramma is primair bedoeld voor het kind. Het geeft het kind inzicht in wat er op een dag gebeurt, en het dagelijkse ritme wat het thuis gewend is kan enigszins worden voortgezet. Dagelijks terugkerende activiteiten als onderwijs en spel geven het kind steun en houvast. Het zijn dingen die gezonde leeftijdgenoten ook doen, en dit maakt dat het kind zich niet alleen maar ziek voelt, maar gewoon kind. Ook 'vervelende' zaken, als het innemen van medicijnen, het prikken, en dergelijke dienen een plaats in dit programma te krijgen. Op die manier weet het kind wanneer de onveilige momenten zijn en kan het rust vinden in de veilige ogenblikken.

Voor ouders kan het dagprogramma inzicht geven in de dagelijks terugkerende activiteiten van hun kind en kunnen zij inschatten wanneer ze even tijd voor zichzelf kunnen nemen. Als er bijvoorbeeld een vaste tijd is dat de pedagogisch medewerker bij een kind komt, kan dat voor ouders een moment zijn om even naar buiten te gaan of om even koffie te drinken. Voor de afdeling geeft het programma duidelijkheid en inzicht; zo kan er beter ingeschat worden wanneer bepaalde handelingen het beste verricht kunnen worden.

Bij jonge kinderen wordt het dagprogramma zichtbaar op de kamer opgehangen. Voor kinderen die nog niet kunnen lezen wordt gebruik gemaakt van plaatjes die dagelijkse handelingen weergeven, zoals wassen, aankleden, brood eten, slapen, enzovoort. Er kan gebruik gemaakt worden van klokjes om de tijden waarop iets gebeurt aan te geven. Ook de verpleegkundige en medische handelingen, zoals het innemen van medicijnen, sprayen of vingerprikken, worden hierin opgenomen.

VOORBEELD
- 8.00: wassen en aankleden (op de meeste kinderafdelingen zijn de meeste kinderen gewoon aangekleed);
- medicijnen innemen;
- 9.00-11.00: naar de ziekenhuisschool. Het kan ook zijn dat er een leerkracht van de ziekenhuisschool bij het kind aan bed komt (feitelijk een consulent educatieve voorzieningen, maar voor de meeste kinderen is het gewoon de 'juf' of de 'meester');
- 11.00-11.30: even uitrusten;
- 11.30-12.00: warme maaltijd;
- medicijnen innemen;
- 12.00-14.00: rustuur;
- 14.00: alleen of samen met de ouders naar de speelkamer;
- 15.00: fysiotherapie;
- 16.00: bezoek van broertjes, zusjes en/of vriendjes en vriendinnetjes;
- 17.30: broodmaaltijd eten;
- 18.00: televisie of video kijken, computerspelletje doen;
- 19.00: medicijnen innemen;
- 20.00: slapen (rooming-in van één van de ouders).

Bij iets grotere kinderen kan het programma samen gemaakt worden: ze kunnen dan zelf aangeven welke zaken voor hen belangrijk zijn, en ze kunnen helpen het programma te versieren. Dit samenwerken verhoogt ook de motivatie om zich aan het programma te houden.

Voor pubers ligt het maken van een dagprogramma een stuk ingewikkelder, en zonder hun samenwerking zal het niet veel kans van slagen hebben. Wanneer een puber niet gemotiveerd is om tot actie te komen zal een dagprogramma hierbij op zich ook niet helpen. Hij wordt niet opeens actief omdat er een programma is. Wel geldt dat het samen opstellen van dit programma de functie en uitvoering ervan versterkt. Een goed contact met de puber is nodig om het nut en noodzaak van een dergelijk programma te bespreken, waardoor hij of zij meer gemotiveerd zal zijn eraan mee te werken. Bij deze leeftijdsgroep kan volstaan worden met een uitgetypte versie die in hun verpleegdossier zit.

3.8 Overige methoden

Naast de al eerder genoemde methodieken is er nog een aantal methoden en technieken die bij specifieke patiëntengroepen worden gebruikt. Dat zijn inbakeren, babymassage en video-hometraining.

3.8.1 Inbakeren van baby's

Al in de Romeinse tijd werden kinderen ingebakerd. Ook in de Middeleeuwen was het heel gebruikelijk baby's in te bakeren. De redenen hiervoor waren het beschermen tegen de kou en het beschermen tegen de breekbare botten. De baby sliep meer en huilde minder. In de achttiende eeuw nam de gewoonte om kinderen in te bakeren af.

Allochtone vrouwen importeerden deze gewoonte weer in ons land. In Turkije, Bolivia en China wordt het merendeel van de baby's nog steeds ingebakerd. Ook bij de Navaho-Indianen, die nu leven in Arizona, New-Mexico en Utha (Noord-Amerika) worden de baby's de eerste week na de geboorte stevig ingebonden in doeken en op een *craddle board*, een speciale plank, vastgebonden.

Deze eeuwenoude techniek wordt nu weer als middel toegepast om onrustige kinderen te laten slapen. Ook binnen ziekenhuizen wordt deze methode toegepast. Pedagogisch medewerkers die gecertificeerd zijn geven instructie aan verpleegkundigen hoe kinderen kunnen worden ingebakerd. Door middel van een speciale cursus kunnen pedagogisch medewerkers leren hoe ze kinderen kunnen inbakeren en kunnen ze de technieken aan ouders en verpleegkundigen leren. Inbakeren is een methode waarbij kinderen op een speciale manier in een doek (soms in twee) gewikkeld worden.

Inbakeren wordt vooral gebruikt bij kinderen die uit zichzelf de slaap niet kunnen vatten en die erg onrustig zijn. Het uitgangspunt is rust en regelmaat bieden. Kinderen die in het ziekenhuis zijn opgenomen kunnen, zeker op een IC-afdeling, erg onrustig zijn of worden steeds maar weer wakker door de vele geluiden om hen heen, zoals het gehuil van andere kinderen of het piepen van de apparatuur.

Bij het inbakeren wordt een kind te slapen gelegd in één of twee doeken van schouder tot en met de tenen, zodat er een beperking van lichaamsbeweging ontstaat. Deze begrenzing is te vergelijken met de baarmoeder. Vooral tegen het einde van de zwangerschap hebben de baby's in de baarmoeder niet veel ruimte om vrij te bewegen. Veel pasgeborenen raken dan ook in paniek als ze geconfronteerd worden met de onbekende bewegingsvrijheid. Door deze onwillekeurige bewegingen wordt het kind voortdurend gestimuleerd en houdt het zichzelf uit zijn slaap. Door de doeken worden de onwillekeurige maaibewegingen van armen en benen gestopt. Het kan gezien worden als 'een stevige arm om hen heen' (Van Dijk & Zoutberg, 2002; Blom, 2001; Blom, 2003).

3.8.2 Babymassage

Aan een ziekenhuisopname is vaak onlosmakelijk verbonden dat de baby negatieve lichamelijke prikkels zal krijgen. Babymassage biedt een mogelijkheid om hier positieve lichamelijke ervaringen tegenover te zetten. Als de baby heel ziek is, kan het zijn dat deze aangesloten is op allerlei apparatuur. Dat werpt voor ouders een drempel op om de baby aan te raken of op te pakken, en ouders kunnen door alle indrukken stil zijn in plaats van spontaan te praten tegen de baby. Verzorgende handelingen, als hun kindje de fles geven of in bad doen, kunnen soms niet. Babymassage mag dan soms wel en kan een ouder handvatten geven om praktisch iets te doen voor de baby.

Bij babymassage is het uitgangspunt dat de huid het zintuig is dat de grootste oppervlakte inneemt. De huid moet gevoed worden en wel met liefde. De liefde wordt bij voorkeur gegeven door ouders. Daarom is het belangrijk dat de ouders zo veel mogelijk zelf hun kindje (leren) masseren.

Er zijn verschillende methoden van babymassage, waarbij de Shantalamassage het meest wordt gehanteerd. Daarnaast worden de polariteitsmassage en de RISS-methode toegepast.

Uitgangspunten bij alle drie zijn dat het kind wordt aangeraakt in volle aandacht, dat de massage zo veel mogelijk in een rustige omgeving plaatsvindt, en dat degene die masseert ontspannen is.

Shantala babymassage vindt zijn oorsprong in India en wordt daar al eeuwenlang doorgegeven van generatie op generatie. Het is een massage met een ritmisch karakter. Uitgangspunt is dat het masseren de baby een gevoel van veiligheid en geborgenheid geeft.

Polariteitsmassage biedt de mogelijkheid om een pasgeborene steun te laten ervaren die vergelijkbaar is met wat hij of zij ook in de baarmoeder ervaren heeft. Polariteitsmassage wordt ook wel handoplegging genoemd. Het komt erop neer dat de handen van de ouder geplaatst worden op het lichaam en het hoofdje van het kind (of vlak erboven). Daar blijven ze een paar minuten rusten en daarna wordt er volgens een vast patroon steeds een hand verplaatst. Deze massage kan ook in de couveuse worden toegepast.

RISS-methode is een massagevorm die speciaal is ontwikkeld voor zuigelingen en veel te vroeg geboren baby's. RISS staat voor Rice Infant Sensore. Uitgangspunt is dat de groei en ontwikkeling van het kind positief beïnvloed worden, wanneer het kind na de geboorte dezelfde of vergelijkbare stimulatie krijgt als in de baarmoeder. Kinderen worden gedurende ongeveer tien minuten, volgens een vast patroon, zacht gestreeld. Het wiegen van de baby tot slot, is een vast onderdeel van deze massage (Van Dijk en Zoutberg, 2002).

3.8.3 Video-hometraining

In diverse ziekenhuizen wordt gebruik gemaakt van video-hometraining om ouders te begeleiden in het omgaan met hun kind. Er worden video-opnames gemaakt van de dagelijkse zorg die de ouder aan het kind biedt. Omdat ouders door het terugzien van de video vaak zelf zien hoe het contact met hun kind verloopt, kunnen van daaruit gerichte pedagogische adviezen worden gegeven.

4 Specifieke problemen

Binnen het hele scala van wat er zich in een ziekenhuis afspeelt, zijn er kinderen met specifieke problemen te onderscheiden. De heel jonge kinderen, de pasgeborenen, de kinderen op de intensive care, de chronisch zieke kinderen, gehandicapte kinderen, allochtone kinderen en kinderen uit asielzoekerscentra (vluchtelingen). Ook overlijden er kinderen in het ziekenhuis. Elk van deze groepen vraagt specifieke aandacht, ook van de pedagogisch medewerker.

4.1 Pasgeborenen

Vaak wordt er gedacht dat er geen aandacht van de pedagogisch medewerker nodig is voor de pasgeborenen. Men denkt dat ze te klein of te ziek zijn. Deze kinderen hebben geen behoefte aan spel, maar wel aan aandacht die aansluit bij hun behoeften. Hierbij kan men denken aan lichamelijk contact, rustige verzorging, knuffelen, troost, ongestoord slapen, adequate reactie op pijn en begeleiding bij onderzoek en behandeling. Het creëren van een omgeving waarin de basiselementen aanwezig zijn voor een goede ontwikkeling behoort tot de taken van de pedagogisch medewerker. Voor de ontwikkeling van een kind geldt dat er een goede basis moet zijn, willen er later geen problemen ontstaan. Bij een kind dat thuis bij de ouders opgroeit verloopt dit ontwikkelingsproces normaal gesproken op een natuurlijke manier. In het ziekenhuis echter zijn de omgeving en organisatie echter afgestemd op de medische behandeling. De prikkels die het kind te verwerken krijgt, zijn niet afgestemd op zijn behoeften maar hebben wel degelijk invloed op zijn ontwikkeling.
Verder heeft de pedagogisch medewerker een actieve rol in het stimuleren en begeleiden van de ouders in het contact met hun kind. De situatie waarin ouders zich bevinden als hun kind op de neonatologie ligt, is niet eenvoudig. Ouders zijn niet voorbereid op de situatie dat hun kind intensieve zorg nodig heeft. De moeders zijn door de bevalling labiel en kwetsbaar en de vaders moeten hun aandacht tussen vrouw en kind verdelen. Ze worden daarnaast ook nog overspoeld door alle medische en verpleegkundige informatie. Om hun kind dan nog als kind te zien en zich niet te focus-

sen op alle medische apparatuur is heel moeilijk. Toch zijn juist de ouders de aangewezen personen om aan de fundamentele behoeften van hun kind te voldoen. De hechting tussen ouders en kind moet op gang komen, en ze moeten met elkaar vertrouwd raken. De pedagogisch medewerker kan de ouders advies geven over de wijze waarop ze het beste met hun kind kunnen omgaan, zij kan uitleg geven over de ontwikkeling van hun kind en de gevolgen die de opname voor het kind kan hebben. Samen met de ouders gaat de pedagogisch medewerker op zoek naar manieren waarop de ouders willen en kunnen inspelen op de behoeften van hun kind (Verhelst, 2002). Samengevat gaat het om de begeleiding van zowel het kind als de ouders. In de volgende punten wordt dat kort weergegeven.

Pedagogische begeleiding van pasgeborenen:
- Aangepast aan de leeftijd, de lichamelijke conditie, en het ontwikkelingsniveau van de baby, vindt er contact plaats en wordt er spelmateriaal aangeboden, met als doel de ontwikkeling van de baby te bevorderen.
- Tijdens het contact met het kind worden verschillende aspecten van de ontwikkeling geobserveerd.
- Bij hypertone en hypotone kinderen wordt ook babymassage gedaan. Evenals bij kinderen die ten gevolge van hun ziekte en/of de medische behandeling veel negatieve lichamelijke prikkels moeten ondergaan.
- De snoezelkamer is een ruimte waar zintuiglijke prikkels afgestemd worden op de behoeften van het kind. Hier is de mogelijkheid aanwezig om een kind ook eens helemaal geen auditieve en visuele omgevingsprikkels aan te bieden.
- Observaties worden gerapporteerd in het verpleegkundig dossier. Bij overplaatsing naar een ander ziekenhuis of een externe (semi-)residentiële instelling wordt een overdrachtverslag geschreven.
- Pedagogische adviezen worden gegeven aan verpleegkundigen, met als doel om een eenduidige, ontwikkelingsbevorderende gedragslijn ten aanzien van het kind te bereiken en gelijkgerichte adviezen aan ouders te geven.
- Indien nodig wordt er advies ingewonnen bij een externe ambulante voorziening. Bij bijvoorbeeld kinderen met een handicap kan de pedagogische zorg voor het kind ook in samenwerking met deze instantie plaats vinden.
- Er kan geadviseerd worden om een andere discipline bij het kind in consult te roepen. Als het kind bijvoorbeeld erg hypotoon is, kan er gebruik gemaakt worden van fysiotherapie.

De samenwerking met ouders:
- Ouders wordt advies gegeven over de pedagogische aanpak en de spelmogelijkheden van hun kind.
- Tussen de ouders en de pedagogisch medewerker wordt informatie uitgewisseld met betrekking tot het gedrag en de ontwikkeling van de baby.
- Ouders kunnen babymassage leren, die een positieve bijdrage kan leveren aan het hechtingsproces.

- Ouders kunnen ook pedagogische adviezen krijgen ten aanzien van eventuele broertjes en zusjes.
- De pedagogisch medewerker heeft een voorbeeldfunctie voor ouders.
- De pedagogisch medewerker biedt de ouders een luisterend oor.
- Andere disciplines worden geïnformeerd wanneer er problemen bij de ouders gesignaleerd worden, die tot het aandachtsgebied van andere disciplines horen, met als mogelijk gevolg het advies deze andere discipline – bijvoorbeeld maatschappelijk werk – in consult te roepen (Zoutberg, 2002).

4.2 Chronisch zieke kinderen

Veel kinderen met een chronische ziekte zullen te maken hebben of krijgen met ziekenhuisopnames. Soms om de diagnose te stellen, en vaker nog om behandeld te worden. Het begrip chronisch ziek is niet zo eenvoudig eenduidig te benoemen. Vanuit verschillende bronnen komen diverse definities naar voren.

Volgens de Wereldgezondheidsorganisatie is gezondheid een toestand van algeheel welbevinden in lichamelijk, geestelijk en sociaal opzicht en dus niet alleen de afwezigheid van ziekte. Het Centraal Bureau voor de Statistiek spreekt van een langdurige aandoening wanneer er in de afgelopen twaalf maanden langer dan drie maanden of meer dan drie maal een ziekteperiode voorkwam (Boot & Knapen, 1993; Baldew, 1985). De Nationale Commissie Chronisch Zieken definieert chronisch ziek als volgt: 'Onomkeerbare aandoeningen, zonder uitzicht op volledig herstel en met een gemiddeld lange ziekteduur' (Baldew, 1993).

Het begrip 'chronische ziekte' verwijst volgens Sinnema (1996) naar een grote verscheidenheid van somatische pathologie, waarbij het begrip chronisch niet alleen als 'levenslang' moet worden opgevat, maar waarbij ook een definiëring in de tijd mogelijk is, zodat men bij een ziekte die langer dan drie maanden duurt, ook van een chronische ziekte kan spreken. Er kunnen tal van organen, orgaansystemen of lichaamsfuncties bij betrokken zijn, met een grote diversiteit in oorzaken, verschijningsvormen en prognose. Bij aangeboren en ongeneeslijke ziektebeelden, zoals bijvoorbeeld cystic fibrosis en sommige hartafwijkingen, betekent chronisch 'levenslang'. Sommige verworven ziektebeelden zijn wel te genezen, zoals kanker of juveniele chronische artritis, maar andere, zoals diabetes zijn dat niet. Ook de grens tussen acuut en chronisch is niet scherp te stellen: een acuut begonnen ziekte kan overgaan in een chronisch beeld en een chronische ziekte kan gepaard gaan met acute crises (Sinnema, 1996).

Baldew (1985) formuleert het begrip chronische ziekten bij kinderen en jongeren als volgt:

'Onder chronische ziekten bij kinderen en adolescenten wordt een voortdurend aanwezige of telkens terugkerende lichamelijke of geestelijke toestand van langere duur verstaan die mede onder invloed van de houding van de samenleving kan leiden tot een lichamelijk, geestelijk en maatschappelijk functioneren dat door alle betrokkenen minder gewaardeerd wordt.'

4.2.1 Gevolgen van een chronische ziekte

De gevolgen van een chronische ziekte kan men onderscheiden in primaire en secundaire gevolgen. Primaire gevolgen zijn gevolgen die direct veroorzaakt worden door de ziekte. Door de ziekte is er sprake van beperkt functioneren van de lichaamsfuncties wat door de patiënt als storend ervaren wordt. Chronische ziekte kan gepaard gaan met pijn die acuut of chronisch kan zijn. Pijn wordt versterkt door angst, maar veroorzaakt zelf ook angst. Onder secundaire gevolgen van een chronische ziekte worden de psychische gevolgen verstaan, de manieren waarop iemand zelf met zijn ziekte omgaat, en de sociale gevolgen, de manieren waarop de omgeving en samenleving met een chronische ziekte omgaat.

4.2.2 Primaire gevolgen

Mensen met een chronische ziekte hebben te maken met fysieke beperkingen, zoals een beperkt uithoudingsvermogen, een beperkte bewegingsvrijheid, of complicaties waardoor men opgenomen moet worden in het ziekenhuis.
Een chronische ziekte kan zowel direct vanaf de geboorte bestaan als op latere leeftijd ontstaan. Signalen die wijzen op een chronische ziekte zijn soms moeilijk te interpreteren omdat het vaak 'gewone' voorbijgaande verschijnselen van verkoudheid of griep lijken. Hierbij valt te denken aan verschijnselen als moeheid, slechte eetlust, lusteloosheid, regelmatig terugkerende temperatuurverhoging, hoesten, concentratieproblemen, enzovoort. Volgens Baldew (1993) zijn er bij chronische zieken duidelijk waarneembare veranderingen in hun lichaamsfuncties; de zuiver fysiologische functies zoals de bloedsomloop, de ademhaling, de verbranding zijn ontregeld. Ook het 'instrumentarium' (de spieren, armen en benen) laat het bij een chronische ziekte, denk bijvoorbeeld aan reuma, soms afweten.
Veel chronische ziekten gaan gepaard met pijn. Ziekten waarbij pijn kan optreden zijn: reuma, hemofilie, spierziekten, kwaadaardige aandoeningen, colitis ulcerosa, ziekte van Crohn, multiple sclerose, fibromyalgie en sikkelcelanemie.
Een gevolg van een chronische ziekte kan zijn dat de verwachte levensduur beperkt of onzeker is. Dit beïnvloedt het toekomstperspectief van de kinderen. De vraag of een bepaalde schoolopleiding kan worden gedaan en/of afgemaakt en de vraag naar beroepskeuze zijn dan essentiële vragen, die voor veel onzekerheid kunnen zorgen (Van Wageningen, 1998).

4.2.3 Secundaire gevolgen

Onder secundaire gevolgen van chronische ziekte verstaan we die effecten van de ziekte, die niet direct veroorzaakt zijn door de ziekte zelf, maar niet zouden zijn opgetreden bij een goede gezondheid. Het gaat hierbij om optredende psychische en maatschappelijke problemen. Deze problemen kunnen zich voordoen bij het kind zelf, maar ook bij de gezonde gezinsleden en in relatie tot anderen.

De manier waarop het kind met zijn eigen ziekte omgaat, de ziektebeleving, komt voort uit zijn eigen leefsituatie. Karakter, ontwikkeling, intelligentie, temperament en leeftijd spelen hierbij een rol. Inzicht in zijn ziekte, het ziektebegrip, is medebepalend voor de manier waarop het kind met zijn ziekte omgaat. Een juist ziektebesef maakt dat er beter rekening gehouden kan worden met de mogelijkheden en onmogelijkheden wat betreft scholing en beroep. De manier waarop het kind zijn ziekte presenteert, open of gesloten, heeft weer invloed op de manier waarop de omgeving ermee omgaat.

4.3 Gehandicapte kinderen

Kinderen die zich in verstandelijk of lichamelijk opzicht anders ontwikkelen dan hoe men gewend is, hebben specifieke aandacht nodig wanneer zij in het ziekenhuis worden opgenomen. Door hun beperkingen zijn zij extra kwetsbaar en een omgeving als het ziekenhuis is vreemd en bedreigend. Zij hebben een aangepaste en bijzondere ziekenhuiszorg nodig. In het boek *Bijzondere zorg voor bijzondere kinderen* van Mirjam de Vos (2001) wordt uitvoerig ingegaan op deze groep – bijzondere – kinderen.

Een goede anamnese is juist voor deze patiëntengroep van wezenlijk belang. Nu is een goede anamnese natuurlijk voor elk opgenomen kind van belang, maar juist omdat gehandicapte kinderen zo hun eigen specifieke problemen hebben is het goed om dat in een specifieke anamnese in kaart te brengen. In sommige ziekenhuizen worden speciaal voor deze doelgroep ontwikkelde opnameformulieren gebruikt.

Voor deze groep kinderen is de informatie die ouders kunnen geven over eet- en slaapgewoontes van het kind, de hulpmiddelen die het gebruikt, de communicatiemiddelen en mogelijkheden van het kind, van essentieel belang. Wanneer het kind overdag in een dagopvang verblijft kan het goed zijn om ook daar informatie in te winnen – uiteraard met toestemming van de ouders! Zo kan er ook in het ziekenhuis ingegaan worden op de specifieke behoeften van het kind.

4.4 Allochtone kinderen

In de afgelopen 30 jaar is het aantal inwoners van niet-Nederlandse herkomst toegenomen. Surinamers, Turken, Marokkanen en Antillianen zijn getalsmatig de grootste immigrantengroepen in Nederland. Daarnaast zijn er nog diverse andere landen van herkomst te noemen, waaronder de Molukken en China. Interpretatie van ziekteverschijnselen is van invloed op behandeling en herstel van ziekten. Voor migranten is de westerse, rationele manier van denken over oorzaken over ziekte niet altijd vanzelfsprekend. Magische denkbeelden over ziekte en gezondheid kunnen een rol spelen. Taalproblemen vormden voor de eerste generatie migranten een obstakel in de communicatie. Het gebruik van tolken en tolkentelefoons kunnen hierbij echter een goed hulpmiddel zijn.
De huidige generatie heeft minder taalproblemen, maar zo nu en dan belemmert een taalprobleem toch de communicatie.
Sommige gezondheidsproblemen blijken bij allochtone kinderen vaker voor te komen dan bij autochtone kinderen. Het neef-nichthuwelijk is zeer gebruikelijk in Turkije en Marokko. Hierdoor bestaat er een grotere kans op erfelijke aangeboren afwijkingen. Vooral de ziektes van de rode bloedcel zoals thalasemie (Middellandse-Zeeziekte) en sikkelcelanemie die voornamelijk voorkomen bij Surinamers en Antillianen zijn hierbij van belang.
Bepaalde infectieziekten komen vooral in de tropen en subtropen voor. Tijdens een verblijf in het land van herkomst kunnen dergelijke ziekten worden opgelopen en mee teruggenomen naar Nederland. Ook tuberculose komt op deze manier weer naar Nederland.
Omdat maatschappelijke en culturele omstandigheden invloed hebben op de gezondheid en gezondheidsbeleving is het belangrijk om hieraan juist in de hulpverlening aandacht te besteden (Uniken Venema & Schulpen, 1995).

4.5 Asielzoekerskinderen

Sinds de jaren tachtig zien we dat mensen in toenemende mate op eigen initiatief naar Nederland komen en asiel aanvragen. Zij zijn – in tegenstelling tot migranten – niet vrijwillig naar Nederland gekomen en komen vaak uit onveilige gebieden waar ze met veel geweld geconfronteerd zijn geweest. Het zijn vaak getraumatiseerde mensen, met lichamelijke en/of psychische problemen.
Ook de kinderen van deze vluchtelingen moeten wel eens in een ziekenhuis worden opgenomen. In sommige gevallen betekent dat een dubbele belasting voor zowel de ouders als het kind. Er is al veel onzekerheid over de kans op een permanente verblijfsvergunning, het trauma van de vlucht kan een rol spelen en de ziekte en de daarbij noodzakelijke onderzoeken kunnen ook nare herinneringen oproepen. Ook bij deze groep spelen culturele verschillen en taalproblemen vaak een grote rol (Thijs & Eiting, 1995).

4.6 Kinderen die overlijden

Helaas is het zo dat niet alle kinderen die in het ziekenhuis worden opgenomen ook genezen van hun aandoening. In sommige gevallen zullen zij dan ook overlijden aan hun ziekte. Vaak zal geprobeerd worden het kind thuis te laten sterven, maar in veel gevallen zal dit in het ziekenhuis gebeuren. De confrontatie met een kind dat gaat sterven is een intense ervaring, waarbij men geconfronteerd wordt met de eindigheid van het leven. Er kan sprake zijn van een toenaderings-vermijdingsconflict: enerzijds wil men het kind helpen, en het lijden verzachten, aan de andere kant wil men zichzelf beschermen tegen de schok van scheiding en verlies.

De rol van de pedagogisch medewerker staat echter nauwelijks vermijding toe. Zij is er – samen met bijvoorbeeld medewerkers van de geestelijke verzorging – juist voor om het kind en ouders te steunen in moeilijke tijden. Binnen de ziekenhuisorganisatie dient er daarom ook aandacht te zijn voor de emotionele kant van dit werk voor de medewerkers. Ook in de stagebegeleiding van SPH-stagiaires dient er aandacht te zijn voor dit moeilijke aspect van het werken met ernstig zieke en stervende kinderen (Last & Langeveld, 1985).

5 Overige voorzieningen

5.1 Educatieve voorzieningen

Ook een leerling die ziek is heeft recht op onderwijs! De school is hiervoor verantwoordelijk. Te vaak echter wordt ervan uitgegaan dat de leerling andere dingen aan z'n hoofd heeft. Dit hoeft echter niet zo te zijn. Vaak wil het kind juist bezig zijn met school, ook om op die manier met de toekomst bezig te zijn. Bezig zijn met school voorkomt onnodige achterstanden en dit komt het genezingsproces ten goede. Het belangrijkste is het houden van contacten met zijn klas. Weer terug op school moet hij snel zijn plek weer vinden en dit is lastig als hij er enige tijd niet bij hoorde. Elke leerling heeft recht op onderwijs. Ook een zieke leerling telt mee!
Bij de invoering van de Wet Ondersteuning Onderwijs Zieke Leerlingen (WOOZL) op 1 augustus 1999 zijn de ziekenhuisscholen opgeheven. De nieuwe wet biedt betere mogelijkheden voor onderwijsondersteuning dan de voormalige regeling van de ziekenhuisscholen. Het ondersteuningsaanbod is meer gaan inhouden dan de lesgevende taak van voor 1999 en de doelgroep is breder geworden. Door deze wet is de school zelf verantwoordelijk voor het onderwijs aan leerlingen die ziek zijn. Voor de leerkracht is deze taak een extra belasting die veel vragen oproept.
De leerkrachten van het primair, het voortgezet en het beroepsonderwijs kunnen echter rekenen op de ondersteuning van een consulent Onderwijs aan Zieke Leerlingen. Deze gespecialiseerde consulenten hebben kennis van de consequenties voor het onderwijs als een leerling ziek is. Zij kunnen antwoord geven op de vragen die een leerkracht heeft. Consulenten kunnen tevens de samenwerking coördineren tussen de betrokken personen en instanties. Deze consulenten zijn werkzaam bij de onderwijsbegeleidingsdiensten en bij de educatieve voorzieningen verbonden aan de universitair medische centra in Nederland.
De 130 leerkrachten van de opgeheven ziekenhuisscholen en hun coördinatoren hebben in 2000 een netwerk opgericht met als doel om hun expertise vast te houden en verder te ontwikkelen, zowel door het organiseren van bijeenkomsten als door ICT-middelen in te zetten.

Dit netwerk ontstond in 2000 en kreeg de naam Ziezon, het 'landelijk netwerk ziek zijn & onderwijs'. Sinds 2000 heeft Ziezon zich ontwikkeld tot een breed netwerk dat verder gaat dan de consulenten en coördinatoren. Diverse belangenorganisaties en experts in het veld van ziektebeelden zijn zich gaan verbinden met Ziezon. Zo ontstond een netwerk met het aanzien van het knooppunt van alles wat te maken heeft met ziek zijn en onderwijs. Ziezon wordt nu gedragen door een groot deel van de relevante organisaties in het veld van ziek zijn en onderwijs. Dit heeft Ziezon bereikt in slechts enkele jaren met zeer beperkte middelen. Nederland heeft in Europa een voorbeeldfunctie op het gebied van ziek zijn en onderwijs (Ziezon).

5.2 Overige voorzieningen

Er zijn talloze organisaties actief die afleiding en ontspanning bieden aan de opgenomen kinderen in de Nederlandse ziekenhuizen. In vele ziekenhuizen komen poppenspelers, de CliniClowns, de Regenboogboom en nog vele anderen. Ook komen er regelmatig artiesten of voetballers bij de patiënten op bezoek, of komt een circus, het straatfestival of De Parade een speciale voorstelling geven in een van de ziekenhuizen. Voor kinderen die opgenomen zijn in het ziekenhuis kan een dergelijk optreden zorgen voor plezier en afleiding. In sommige ziekenhuizen bestaat hiervoor een vaste structuur en staan activiteiten voor langere tijd gepland of gepubliceerd via de interne televisiekanalen.
Toch lijkt het verstandig om hier wel met een kritische blik naar te blijven kijken. Worden deze activiteiten wel werkelijk in het belang van het zieke kind georganiseerd of spelen er andere (commerciële) belangen een rol. Zieke kinderen 'doen het goed' in de media, en veel mensen en bedrijven willen graag iets goeds doen voor deze kinderen.

5.2.1 Poppenspelers

In diverse ziekenhuizen zijn poppenspelers actief om de kinderen plezier en afleiding te bezorgen. Een van de organisaties die zich met poppenspelers bezig houdt is Stichting Poppentheater Kameleon. Met het project TIK (Theater in Kinderziekenhuizen) zorgen zij voor afleiding voor de in het ziekenhuis opgenomen kinderen.

TIK is een project van de Stichting Poppentheater Kameleon met als doel theater met poppen te verzorgen voor kinderen in kinderziekenhuizen en op kinderafdelingen van academische, algemene en streekziekenhuizen door het gehele land.

Stichting Poppentheater Kameleon wil met het project TIK een bijdrage leveren aan het welbevinden van kinderen die voor korte of langere tijd in een ziekenhuis worden opgenomen.

Stichting Poppentheater Kameleon hoopt hun verblijf een beetje te kunnen verlichten. Een poppenspeelster komt in het ziekenhuis aan de bedden of geeft een groepsvoorstelling met de eenvoudige bedoeling de kinderen een beetje afleiding en ontspanning bezorgen. Bewust willen zij zich niet begeven op de terreinen die de medewerkers van de ziekenhuizen zelf beheersen en ten uitvoer brengen. Er wordt van uitgegaan dat via het poppenspel de kinderen de nare dingen van het verblijf in het ziekenhuis even kunnen vergeten. Dat is het concept van TIK. Er wordt gespeeld voor kinderen van alle leeftijden. (www.stichtingkameleon.nl)

5.2.2 CliniClowns

De CliniClowns zijn niet meer weg te denken uit de Nederlandse ziekenhuizen. Het is een van de vele activiteiten die aangeboden worden aan kinderen om hun ziek zijn even te vergeten.

De doelstelling van Stichting CliniClowns Nederland is het bieden van clowneske afleiding en plezier aan zoveel mogelijk kinderen die het moeilijk hebben door ziekte, trauma of handicap. CliniClowns doet dit in de overtuiging dat dit bijdraagt aan de kwaliteit van leven van deze kinderen. De CliniClowns laten kinderen weer even baas zijn over hun eigen situatie, laat ze gewoon weer even kind zijn. Ineens hoeft er niets en kan het alle kanten op, afhankelijk van wat het kind wil en kan.

5.2.3 De Regenboogboom

Stichting De Regenboogboom is een onafhankelijke, niet gesubsidieerde stichting met speciaal opgeleide vrijwilligers die in 1992 opgericht is en inmiddels in het hele land actief is. 65 vrijwilligers bezoeken dagelijks kinderen in het ziekenhuis en veertig andere vrijwilligers verrichten ondersteunende diensten.

Er was eens..
Een sprookje, maar dan écht gebeurd. Een klein meisje in Engeland was erg ziek. Ze droomde van een prachtig bos vol regenbogen. Een bos waar ze helemaal vrolijk werd. Waar ze kon vergeten dat ze ziek was. Toen ze wakker werd, bleek dat het bos écht bestond, in haar fantasie. En dat ze er net zo vaak heen kon gaan als ze zelf wilde.
Het kleine meisje heet Holly en in 1986 is ze overleden aan leukemie. Het Regenboogbos heeft haar en haar ouders door de laatste, moeilijke fase heen geholpen. Ze wilde dat andere kinderen ook dit wonderbaarlijke bos konden vinden.
Het Regenboogbos is een veilige droomplek. Een plek waar je even niet hoeft te vechten tegen ziekte, angst of pijn. Een plek die je bovendien zélf kunt oproepen om je veilig en vrij te voelen. Waardoor je moeilijke omstandigheden beter aankunt. Met meer zelfvertrouwen, rust en levenslust. Telkens weer laten kinderen ons zien dat ze, met een klein duwtje in de rug, in staat zijn hun eigen innerlijke kracht en waardigheid te vinden. Want de weg naar het Regenboogbos kunnen ze zelf maken, elke keer als ze daar behoefte aan hebben: met de 'regenboogkristal', die alle kinderen van ons krijgen. Als het (zon)licht erdoorheen schijnt, ontstaat een regenboog: de weg naar de droomplek in je eigen gedachten.

Wat doet de stichting?
Levensbegeleiding (dus géén stervensbegeleiding)
Leren kijken met je 'binnenogen'
Leren dromen zonder slapen
Verbeteren van de kwaliteit van leven
Terugbrengen van verwondering
Mobiliseren van de eigen kracht

Voor wie?
Kinderen in ziekenhuizen
Kinderen met een handicap
Kinderen met een traumatische ervaring
Kinderen met ouders die ziek zijn
Iedereen die op zoek is naar wondertjes
(www.regenboogboom.nl)

5.2.4 Kindertelevisie en kinderradio

In bijna alle academische (kinder)ziekenhuizen is er radio en televisie speciaal voor de opgenomen patiënten. Kinderen mogen een programma presenteren, ze kunnen helpen met het maken ervan of ze komen als gast gewoon iets vertellen in de studio. Ook gaan de medewerkers langs bij de kinderen die te ziek zijn om naar de studio te komen. Door middel van televisie kunnen ziekte en ziekenhuiservaringen geuit en gedeeld worden. Zo raakt het kind steeds meer vertrouwd met het leven in het ziekenhuis.

5.2.5 Kindertheater, kinderbibliotheek, bioscoop en internet

Naast alle eerder genoemde voorzieningen zijn er nog diverse andere. In veel ziekenhuizen zijn kinderbibliotheken en/of is er een uitleensysteem voor videobanden en computerspelletjes. Ook is er vaak de mogelijkheid voor theater of bioscoop, bijvoorbeeld in het UMC Wilhelmina Kinderziekenhuis en in het Emma Kinder AMC. In het Erasmus MC Sophia Kinderziekenhuis is een internetcafé.

Literatuur

Baldew, I.M. (1993). *Dingen die niet voorbijgaan, levensloop van chronisch zieken*. Assen: Van Gorcum.

Baldew, I.M. & Baldew-Visser, S.A.J. (1985). *Chronisch zieke kinderen en jongeren*. Nijkerk: Intro.

Blom, R. (2001). *Inbakeren brengt rust: een handleiding voor het inbakeren van je kind*. Zoetermeer: Weleda Nederland.

Blom, R. (2003). *Regelmaat en inbakeren: voorkomen en verhelpen van huilen en onrust*. Zeist: Christofoor.

Bommel, M. van, e.a. (1997). *Oriëntatie op sociaal pedagogische hulpverlening*. Houten/Diegem: Bohn Stafleu Van Loghum.

Boot, J.M. & Knapen, M.H.J.M. (1993). *De Nederlandse gezondheidszorg*. Utrecht: Aula/Het Spectrum.

Dasberg, L. (1986). *Grootbrengen door kleinhouden als historisch verschijnsel*. Meppel: Boom.

Dekker, M. (2001). In: De Vos (2001: 29-43).

Dijk, G. van & Zoutberg, M. (2002). *Smeren en mummificeren: een workshop over babymassage en het inbakeren van kinderen*. Rotterdam: Pedagogische Zorg, Erasmus MC/Sophia Kinderziekenhuis.

Dongen-Melman, J.E.W.M. van, e.a. (2001). *Kinderpsychologische zorg voor het zieke kind*. Rotterdam: Erasmus MC/Sophia Kinderziekenhuis.

Groot, R. de & Hakvoort-Koomen, E.G.M.J. & Poel, L. van der (1993-1999). *Speelblokken, blok 4:'Spelbegeleiding bij zieke kinderen'*. Alphen aan den Rijn: Samsom.

Hart, P.D. 't (1998). *Het zieke kind in goede handen*. Zwolle: Catena.

Hulshegge, J. & Verheul, A. (1991). *Snoezelen: een andere wereld*. Nijkerk: Intro.

Hutschemaekers, G. (1998). *Beroepen in beweging: professionalisering en grenzen van een multidisciplinaire GGZ*. Houten/Diegem: Bohn Stafleu Van Loghum.

Koopman, H.M. (1993). *De kijk van kinderen: een cognitief structurele visie op de ontwikkeling van het denken over ziekte*. Amsterdam: Thesis Publishers.

Kuiper, M. de (1997). *De zorg voor kinderen met pijn*. Assen: Van Gorcum.

Last, B.F. & Voûte, P.A. (1985). *Zorgen voor kinderen met kanker*. Amsterdam: Van Loghum Slaterus.

Last, B.F. & Langeveld, N.E. (1985). 'De houding en de beleving van de zorgverleners en het therapeutisch klimaat'. In: B.F. Last & P.A. Voûte.

Lieburg, M.J. van (z.j.). *Het Sophia Kinderziekenhuis. 1863–1975.*

Linden van den Heuvell, Ch. van (1994). 'Prikken – een bron van stress'. In: *Kind en Ziekenhuis.* 1994; 17 (4): 108-114.

Meij-de Leur, A.P.M. van der (1989). *Van olie en wijn: geschiedenis van verpleegkunde, geneeskunde en sociale zorg.* Utrecht/Brussel: Agon Elsevier.

Nuy, M.H.R. & Lisdonk, E.H. van de (red.) (1995), *Medicus & maatschappij.* Utrecht: SWP.

Naafs-Wilstra, M.C. (1999). *Praten met mijn kind, hoe doe ik dat?.* Nieuwegein: VOKK.

PMZ (1999). *Functieprofiel pedagogisch medewerker ziekenhuizen.* Utrecht: SWP.

Radema, D. & Berg, G. van den (1997). 'Sociaal Pedagogische Hulpverlening: overeenkomsten en verschillen in beroepsuitoefening'. In: *Vijf stappen voorwaarts: Landelijk congres Sociaal Pedagogische Hulpverlening.* 17 april 1997. Utrecht: SWP.

Radema, D. & Berg, G. van den (1997). 'Variaties en overeenkomsten in uiteenlopende settings: een impressie van de praktijk van de sociaal pedagogisch hulpverlener'. In: *Tijdschrift voor Sociaal Pedagogische Hulpverlening,* 1997; 16: 42-54.

Rigaux, K. (1985). *Reacties en opvang van kinderen in het ziekenhuis.* Leuven/Amersfoort: Acco.

Schiet, M. e.a. (1998). *Gewoon een bijzonder kind: praktische informatie over het opvoeden van chronisch zieke kinderen.* Utrecht: NIZW.

Sinnema, G. (1996). 'De ontwikkeling van chronisch zieke adolescenten'. In: *Jaarboek ontwikkelingspsychologie, orthopedagogiek en kinderpsychiatrie* 2, 1996: 13-36. Houten/Diegem: Bohn Stafleu Van Loghum.

Slot, W. (2000). Ziekenhuisopname. In: *Handboek kinderen en adolescenten.* 6e aanvulling, mei 2000. Houten: Bohn Stafleu Van Loghum.

Snel, T. (1993). 'De pedagogisch medewerker in het multidisciplinair samenwerken'. In: *Pedagogisch Informatieblad,* 1993; 2: 14-20.

Streng, I.C., e.a. (2003). *Een gewaarschuwd kind telt voor...: handleiding voor het voorbereiden van kinderen op onderzoeken en ingrepen.* Rotterdam: Pedagogische Zorg, Erasmus MC/Sophia Kinderziekenhuis.

Strubbe, W. (1989). *Anders dan gewoon: inleiding in de kinderpsychiatrie.* Nijkerk: Intro.

Thijs, W.A. & Eiting, G.G. (1995). 'Vluchtelingen en gezondheid'. In: Nuy & Van de Lisdonk.

Uniken Venema, H.P. &. Schulpen, T.W.J. (1995). 'Migranten en gezondheidszorg'. In: Nuy & Van de Lisdonk.

Vaalberg, A.M. & Hutschemaekers, G. (1997). 'SPH: opleiding tot vele functies, een onderzoek naar de beroepspraktijk'. In: *Tijdschrift voor Sociaal Pedagogische Hulpverlening,* 1997; 15: 46-49.

Velten, H. & Walter, B. (1998). *Babymassage: de perfecte harmonie tussen ouder en kind.* Oosterhout: Deltas.

Verhelst, M. (2002). 'Pedagogische zorg op de neonatologie'. In: *Kind en Ziekenhuis,* 2002; 25 (1): 18-22.

Visie Pedagogische Zorg (2003). Rotterdam: Sophia Kinderziekenhuis.

Visser, W. (2002). 'Spelbegeleiding in het ziekenhuis'. In: *Kind en Ziekenhuis,* 2002; 25 (1): 8-12.

Vos, M. de (red.) (2001). *Bijzondere zorg voor bijzondere kinderen: de begeleiding van ernstig gehandicapte kinderen in het ziekenhuis.* Maarssen: Elsevier gezondheidszorg.

Wageningen, N.E. van (1998). *Thuis in het ziekenhuis: een onderzoek onder chronisch zieke adolescenten.* Universiteit Utrecht: doctoraalscriptie Algemene Sociale Wetenschappen.

Wageningen, N.E. van (2002). 'Meer dan Spel alleen: kennis en kunde van de pedagogisch medewerker'. In: *Kind en Ziekenhuis,* 2002; 25 (1): 13-16.

Wijngaard-van Dorst, M. van den (1983). 'Het spel van zieke kinderen'. In: *Compendium Spel en speelgoed.* Alphen aan den Rijn: Samsom.

Wijngaard-van Dorst, M. van den (1985). 'Begeleiding van het spel in het ziekenhuis'. In: *Compendium Spel en speelgoed.* Alphen aan den Rijn: Samsom.

Wijsenbeek, Th. (1990). *Zieke lieverdjes: 125 jaar kinderzorg in het Emma kinderziekenhuis.* Amsterdam: Ploegsma.

Zoutberg, M. (2002). *Pedagogische zorg op de afdeling: intensive care neonatologie.* Rotterdam: Erasmus MC/Sophia Kinderziekenhuis (Dienst Pedagogische Zorg).

Websites

Algemeen

www.nvsph.nl
De NVSPH is een vereniging specifiek voor de SPH'er. Binnen de vereniging zijn functiegroepen te onderscheiden naar werkveld. Zo is er ook een functiegroep pedagogisch medewerkers in ziekenhuizen. Er worden cursussen, functiegroepbijeenkomsten en masterclasses georganiseerd. Er verschijnt regelmatig een nieuwsbrief en leden kunnen zich abonneren op een vaktijdschrift. Op de site staat tevens een literatuurlijst specifiek over ziekte en ziektebeleving bij kinderen.

www.pedagogischmedewerker.net
Deze website heeft een forum en links specifiek voor pedagogisch medewerkers in ziekenhuizen en de uitwisseling van vragen en tips staat centraal.

www.kindenziekenhuis.nl
De Vereniging Kind en Ziekenhuis geeft vier keer per jaar een blad uit waarin diverse thema's behandeld worden. Ook op de site is deze informatie te vinden.

www.gobnet.nl
Deze site noemt zich 'dé landelijke voorlichtingssite over opleidingen en beroepen in zorg en welzijn' en er is dan ook erg veel te vinden. Naast informatie over beroepsopleidingen en dergelijke is er ook veel achtergrondinformatie te vinden over verschillende ziekenhuizen en andere instellingen.

www.unie.nl
De Unie is een grote vakbond voor diverse werknemers. Ook SPH'ers kunnen hier terecht: ze vallen onder De Unie Zorg en Welzijn (www.unie.nl/zorg-enwelzijn).

www.ziezon.nl
Ziezon is de site van 'het landelijk netwerk ziek zijn & onderwijs' en daarom gericht op informatie over onderwijs aan zieke kinderen.

ziekten.pagina.nl
Deze startpagina geeft links naar sites met informatie over verschillende ziekten.

patientenvereniging.pagina.nl
Voor bijna elke ziekte zijn er ook patiëntenverenigingen die via deze site te bereiken zijn.

Sites over kinderen met kanker

www.vokk.nl
VOKK staat voor 'vereniging van ouders van kinderen met kanker'. Deze vereniging is zeer actief en organiseert symposia en geeft voorlichtingsmateriaal uit. Ook hebben ze een literatuurlijst van boeken die over verlies, afscheid en dood gaan.

www.kinderkanker.nl
De website van het Erasmus Medisch Centrum/Sophia Kinderziekenhuis, waarin uitleg over het ziekenhuis en de afdeling Kinderoncologie wordt gegeven. Er is ook informatie te vinden over de diverse vormen van kinderkanker.

www.internethaven.nl
www.kankerspoken.nl

Sites van artiesten en clowns

www.regenboogboom.nl
www.cliniclowns.nl
www.theaterkameleon.nl

Handvest Kind en Ziekenhuis

Het recht op een optimale medische behandeling is ook voor kinderen een fundamenteel recht

1
KINDEREN worden niet in een ziekenhuis opgenomen als de zorg die zij nodig hebben thuis, in dagbehandeling of poliklinisch kan worden verleend.

2
KINDEREN hebben het recht hun ouders of verzorgers altijd bij zich te hebben.

3
OUDERS wordt accommodatie en de mogelijkheid tot overnachting naast het kind aangeboden zonder dat daar kosten voor in rekening worden gebracht.
OUDERS worden geholpen en gestimuleerd bij het kind te blijven en deel te nemen aan de verzorging en verpleging van het kind.

4
KINDEREN en OUDERS hebben recht op informatie. De informatie wordt aangepast aan leeftijd en bevattingsvermogen van het kind. Maatregelen worden genomen om pijn, lichamelijk ongemak en emotionele spanningen te verlichten.

5
KINDEREN en OUDERS hebben recht op alle informatie die noodzakelijk is voor het geven van toestemming voor onderzoeken, ingrepen en behandelingen.
KINDEREN worden beschermd tegen overbodige behandelingen en onderzoeken en tegen oneigenlijk gebruik van persoonlijke gegevens.

6
KINDEREN worden in het ziekenhuis gehuisvest en verzorgd samen met kinderen in dezelfde leeftijds- en/of ontwikkelingsfase.
KINDEREN worden niet samen met volwassenen verpleegd.
Er bestaat geen leeftijdsgrens voor bezoekers.

7
KINDEREN hebben recht op mogelijkheden om te spelen, zich te vermaken en onderwijs te genieten al naar gelang hun leeftijd en lichamelijke conditie. Kinderen hebben recht op verblijf in een stimulerende, veilige omgeving waar voldoende toezicht is en die berekend is op kinderen van alle leeftijdscategorieën.

8
KINDEREN worden behandeld en verzorgd door medisch, verpleegkundig en ander personeel dat speciaal voor de zorg aan kinderen is opgeleid. Het beschikt over de kennis en de ervaring die nodig zijn om ook aan de emotionele eisen van het kind en het gezin tegemoet te komen.

9
KINDEREN hebben recht op verzorging en behandeling door zoveel mogelijk dezelfde personen, die onderling optimaal samenwerken.

10
KINDEREN hebben het recht met tact en begrip te worden benaderd en behandeld. Hun privacy wordt te allen tijde gerespecteerd.

(Opgenomen met toestemming van de Landelijke Vereniging Kind en Ziekenhuis)

MIX
Papier aus verantwortungsvollen Quellen
Paper from responsible sources
FSC® C105338

If you have any concerns about our products,
you can contact us on
ProductSafety@springernature.com

In case Publisher is established outside the EU,
the EU authorized representative is:
**Springer Nature Customer Service Center GmbH
Europaplatz 3, 69115 Heidelberg, Germany**

Printed by Libri Plureos GmbH
in Hamburg, Germany